跨境电商网络营销理论与实务

曹学庆　著

北京工业大学出版社

图书在版编目（CIP）数据

跨境电商网络营销理论与实务 / 曹学庆著 . — 北京 ：
北京工业大学出版社，2021.9（2022.10重印）
ISBN 978-7-5639-8109-0

Ⅰ．①跨… Ⅱ．①曹… Ⅲ．①电子商务－网络营销
Ⅳ．① F713.365.2

中国版本图书馆 CIP 数据核字（2021）第 203324 号

跨境电商网络营销理论与实务
KUAJING DIANSHANG WANGLUO YINGXIAO LILUN YU SHIWU

著　　者：	曹学庆
责任编辑：	吴秋明
封面设计：	知更壹点
出版发行：	北京工业大学出版社
	（北京市朝阳区平乐园 100 号　邮编：100124）
	010-67391722（传真）　bgdcbs@sina.com
经销单位：	全国各地新华书店
承印单位：	三河市元兴印务有限公司
开　　本：	710 毫米 ×1000 毫米　1/16
印　　张：	10.75
字　　数：	215 千字
版　　次：	2021 年 9 月第 1 版
印　　次：	2022 年 10 月第 2 次印刷
标准书号：	ISBN 978-7-5639-8109-0
定　　价：	68.00 元

作者简介

曹学庆，淮阴工学院外国语学院副教授，菲律宾亚当森大学管理学博士毕业。先后从事大学英语、英语专业基础课、商务英语等课程教学二十年，在各级各类学术刊物上发表学术论文数十篇。主要研究领域涵盖外国文学批评、外语习得与教育、商务环境下二语习得与应用、跨境电子商务管理等。近年来研究跨境电子商务管理系统及应用，发表相关论文四篇。

前　言

近年来，随着国内各界人士文化水平的不断提升，加之互联网科学技术的不断发展、各种网络购物手段的不断成熟，网络电商已经成为一种新兴的职业。特别是网络电商以其方便、快捷的特点，成为许多人理想的工作领域。当前，各地纷纷兴起了网络电商的培训热潮，各种类型的网络电商正如雨后春笋般出现在中国大地上，成为各地新兴产业的重要抓手，其出现也改变了许多人就业难的处境。跨境电商网络销售已经成为一个热门话题。

在这种大趋势、大环境下，跨境电商网络营销建设与运营成为国内电商研究人士关注的焦点。跨境电商网络营销建设既要符合互联网科技的实际应用，又要具有商业文化，还要能够表现出自己城市的独特魅力。同时，跨境电商成型之后如何管理？如何运行？跨境电商与其他类型的产业如何交融？我国有哪些较为突出和新颖的跨境电商成功案例可供借鉴？这些问题都需要相关研究者进行思考和解决。

本书正是在这样的背景下应运而生的。本书从跨境电商的相关理论、跨境电商的管理营销分析等方面入手，探讨跨境电商网络营销建设，力求通俗易懂、深入浅出，为相关学者研究跨境电商的发展提供有价值的资料。

本书共分为七章。第一章为跨境电商与营销策略，介绍了跨境电商、中国跨境电商的发展、跨境电商营销策略等内容；第二章为网络营销与跨境电商网络营销，介绍了网络营销、跨境电商网络营销等内容；第三章为跨境电商网络营销市场调研，介绍了跨境电商网络营销市场分析、跨境市场购买者分析、跨境市场数据分析等内容；第四章为跨境电商网络营销工具解读，介绍了搜索引擎营销、社交媒体营销、社群交流营销等内容；第五章为跨境电商网络营销策略，介绍了消费者行为特征与市场分析、海外零售市场调研与分析、跨境电商中的具体网络营销策略、跨境电商中常用的网络营销方法等内容；第六章为大数据背景下的跨境电商营销，介绍了大数据背景下的第三方平台营销，社交媒体营销，内容营销，视频、直播营销等内容；第七章为跨境电商发展策略及人才培养探究，介绍了跨境电商人才及我国人才发展现状、跨境电商人才培养对策、跨境电商人才营销技能培养等内容。

作者在撰写本书的过程中，借鉴并参考了一些专家和学者在跨境电商网络营销理论与实务研究方面的成果，在此表示感谢。但由于作者研究水平有限以及受各种实际条件的限制，本书中难免会有不足之处，敬请读者朋友批评指正。

目　录

第一章 跨境电商与营销策略

传统贸易模式正在不断地被改造，国际贸易逐渐地呈现出网络化和线上化的新趋势，其模式呈现出新的发展方向。在互联网迅速发展的大环境下，网上的商机被许多外贸企业所关注，这些企业在其中找到了重要的创新经营手段。在此基础之上，跨境电子商务技术以及相关的经营手段以高姿态出现在众人面前。其在线上的增长速度，远远超过了线下的贸易交流。在国际贸易的商业交互中，跨境电子商务在人们心中的地位也越来越重要。国际贸易的电子商业化程度越来越高。伴随着互联网技术的不断发展，中国制造业和贸易需求的小单化也逐渐呈现出上升的趋势。在当今社会中，我们与跨境电商领域的联系越来越紧密，可以说，我们已经进入了"跨境电商"时代。

曾经我们将国外的货物当作奢侈品，而中国的货物能够在国外销售，也是一件十分值得骄傲的事情。在这样一种环境下，"全球卖、全球买"成为人们的一种梦想。当互联网科技逐渐成为人们研究的重点时，以互联网科技为基础的各种网络技巧也加入人们的生活之中。全世界的消费者以互联网科技为中心，呈网络辐射状编织成一张网，形成了生态贸易圈。全球的商品流、物流和信息流相互交织，与电商平台联系紧密。消费者、企业和国家紧紧联系在一起，成为一张围绕着跨境电商的贸易网。无论是发展中国家、发达国家还是新兴经济体，都将跨境电商这个新兴的贸易体系当成一种颠覆传统贸易方式的新手段，新的贸易体系将在跨境电商的发展中建立起来。

第一节 跨境电商概述

"鑫网易商"是跨境企业对企业（B2B）电子商务平台所发布的一种新型产物，它于 2014 年 12 月 5 日正式上线，带给人们很多惊喜。这一平台也给以海外代购为经营模式的商家以巨大的冲击。对于海外代购群体来说，这是一次巨大的挑战。

由中国国际贸易促进委员会、银联商务、中国电信和中国银行共同打造的"鑫网易商",是一个涵盖了加拿大、德国、美国和英国等多个国家在内的新型电商交易平台。它们将传统的在线交易方式进行了升级,本着不附加任何中间环节、不掺杂假冒伪劣商品的前提,对交易系统进行严格控制,将原产地在境外的数万种不同类型、不同需求的商品送到中国的零售商手中。

跨境电商真正成为人们热议的焦点是在几年前。2014年,亚太经济合作组织(APEC)会议成功在中国举行,"跨境电商"作为会议的新热点,在会议的各种场合中出现,中央电视台也对跨境电商进行了介绍,跨境电商掀起了一股互联网商业的热潮。

区域经济一体化进一步推进,特别是关于推进亚太自由贸易区建设的问题,是由中国在APEC会议上提出的一个重点问题,同时也是经济创新发展主题与会成员代表所讨论最多的一个热门话题。这些与会者不仅将关注的重点放在了如何使跨境电商的实践功能在亚太自由贸易区的建设中获得提升上,还将目标设置为让更多的消费者和亚太经济体成为获益者。

一、跨境电商的具体内涵

(一)跨境电商的概念

分属不同关境的交易主体,在运用电子商务的相关方式完成信息交流、商品交易和优质服务提供的基础上,进行国际化的商业活动,此种方式下的商业活动被称为跨境电商。传统的合同协商、订立、履行等流程,在跨境电商的运行中被完全电子化,其商品的运输和交易由异地仓储和跨境物流负责完成。

跨境批发和跨境零售是跨境电子商务这种商业模式下的两种重要的运作方式。

与消费者面对面进行在线商品销售和服务,在电子商业平台上完成交易、支付和结算的流程,并运用跨境物流进行商品的运输,实现货物交易的国际化商业活动,叫作跨境企业对消费者(B2C)模式,其关境的企业分属不相同。通过第三方电子商业平台,卖家发布商品信息、服务信息和价格等相关信息后,买方进行挑选,在买方确定商品的种类和数量等信息之后,经由电子商业平台进行最终的交易、支付和结算,并且由跨境物流进行商品运输、实现交易的顺利完成的国际化商业活动,叫作跨境消费者对消费者(C2C)交易模式,它是一种分属不同关境的交易方式。以上的两种形式都是跨境零售的最主要的形式（图1-1-1）。

在电子商业平台的协助下进行交易、支付和结算，并且将商品的运输和整个交易过程都依托于电商系统的国际化商业活动，叫作跨境B2B交易模式，其主要是针对不同关境下的企业对企业的模式，这种交易模式也叫作跨境批发。

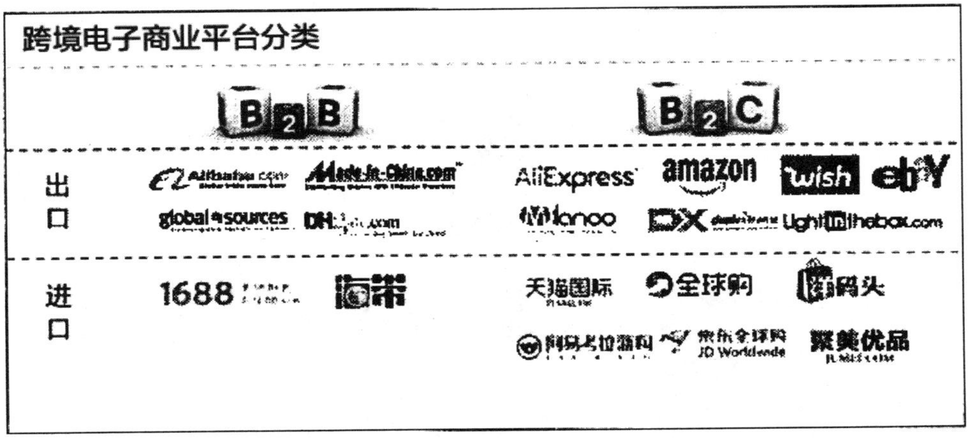

图 1-1-1　跨境电子商业平台分类

（二）跨境电商的生态圈

跨境电商的生态圈可以帮助我们对跨境电商的概念有一个更清晰和更明确的理解。在互联网迅速发展的趋势下，传统的链状结构下的国际贸易发展方式已经不适合商业发展，而新兴的网状结构更加适合国际贸易的发展。地域差异、法律法规等不同，使在不同的国家和地区的贸易活动也呈现多样化。在通常情况下，多种商业角色都需要由跨界电商来充当。以跨界电商平台为中心点，由买家、卖家、跨境电商的相关服务商和政府监管机构这几个方面共同参与，这是典型的跨境电商生态圈（图1-1-2、图1-1-3）。

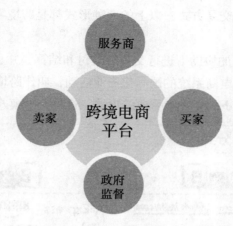

图 1-1-2　跨境电商生态圈

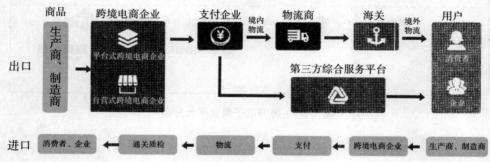

图 1-1-3　跨境电商流程图

（三）跨境电商与国内电商的区别

跨境电商与国内电商存在一些区别（表 1-1-1）。

表 1-1-1　跨境电商与国内电商的区别

区别＼电商类型	跨境电商	国内电商
业务环节	业务环节复杂，需要经过海关通关、检验检疫、外汇结算、出口退税、进口征税等环节，在货物运输上，跨境电商通过邮政小包、快递方式出境，货物从售出到送达国外消费者手中的时间更长，因路途遥远，货物容易损坏，且各国邮政派送的能力相对有限，增长的邮包量也容易引起贸易摩擦	业务环节简单，以快递方式将货物直接送达消费者手中，路途近，到货速度快，货物损坏概率小

电商类型 区别	跨境电商	国内电商
交易主体	跨境电商的交易主体是不同关境的主体，可能是国内企业对境外企业、国内企业对境外个人或者国内个人对境外个人，交易主体遍及全球，有不同的消费习惯、文化心理、生活习俗，这要求跨境电商对国际化的流量引入、广告推广营销、国外当地品牌认知等有更深入的了解，需要对国际贸易、互联网、分销体系、消费者行为有很深的了解，要有"当地化／本地化"思维	国内电商交易主体一般在国内，国内企业对企业、国内企业对个人或者国内个人对个人
交易风险	跨境电商行为发生在不同的国家，每个国家的法律都不相同，当前有很多低附加值、无品牌、质量不高的商品和假货仿品充斥跨境电商市场，侵犯知识产权等现象时有发生，很容易引起知识产权纠纷，后续的司法诉讼和赔偿十分复杂	国内电商行为发生在同一国家，交易双方对商标、品牌等知识产权的认识比较一致，侵权纠纷较少，即使产生纠纷，处理时间较短，处理方式也较简单
适用规则	跨境电商需要适应的规则多、细、复杂，如平台规则，跨境电商经营的平台很多，各个平台均有不同的操作规则，跨境电商需要熟悉不同海内外平台的操作规则，要具有针对不同需求和业务模式进行多平台运营的技能，跨境电商还需要遵循国际贸易规则，如双边或多边贸易协定，需要有很强的政策、规则敏感性，及时了解国际贸易体系、规则、进出口管制、关税细则、政策的变化，对进出口形势也要具有了解和分析能力	国内电商只需遵循一般的电商规则

（四）跨境电商与传统国际贸易的区别

与传统形式下的国际贸易模式相比较，跨境电商所受到的各个国家贸易保护措施的影响相对较小，地理范围的限制也比较少。在中间商的交涉环境中，其所面临的交易问题也相对简单，因而具有利润高、价格低的特点，但是退税、通关和结汇等环节的障碍相对来说也较多。

二、跨境电商的分类

跨境电商的具体分类如下（表1-1-2）。

表 1-1-2　跨境电商的分类

分类标准	类型	特征
按照交易主体分类	B2B 跨境电商	B2B跨境电商是企业对企业的电子商务，是企业与企业之间通过互联网进行的商品、服务及信息的交换，中国跨境电商市场交易规模中B2B跨境电商市场交易规模占总交易规模的90%以上，在跨境电商市场中，企业级市场始终处于主导地位，代表企业有阿里巴巴国际站、环球资源网、中国制造网等
	B2C 跨境电商	B2C跨境电商是企业对个人开展的电子商务活动，企业为个人提供在线商品购买、在线医疗咨询等服务，由于消费者可以直接从企业买到商品，减少了中间环节，通常价格较低，但是物流成本较高，中国B2C跨境电商的市场规模在不断扩大，代表企业有全球速卖通、兰亭集势、米兰网、大龙网等
	C2C 跨境电商	C2C跨境电商是通过第三方交易平台实现的个人对个人的电子交易活动
按照服务类型分类	信息服务平台	信息服务平台主要为境内外会员商户提供网络营销平台，传递供应商或采购商等商家的商品或服务信息，促成双方完成交易，代表企业有阿里巴巴国际站、环球资源网、中国制造网等
	在线交易平台	在线交易平台不仅提供企业、商品、服务等多方面信息展示，还可以通过平台线上完成搜索、咨询、对比、下单、支付、物流、评价等全购物物链环节，在线交易平台模式正逐渐成为跨境电商中的主流模式，代表企业有敦煌网、全球速卖通、米兰网、大龙网
	外贸综合服务平台	外贸综合服务平台可以为企业提供通关、物流、退税、保险、融资等一系列的服务，帮助企业完成商品进口或者出口的通关和流通环节，还可以通过融资、退税等帮助企业进行资金周转，代表企业有阿里巴巴一达通

分类标准	类型	特征
按照平台运营方式分类	第三方开放平台	第三方开放平台型电商通过在线上搭建商城，并整合物流、支付、运营等服务资源，吸引商家入驻，在提供跨境电商交易服务的同时，平台以收取商家佣金以及增值服务佣金作为主要盈利手段。代表企业有全球速卖通、敦煌网、环球资源网、阿里巴巴国际站等
	自营型平台	自营型电商在线上搭建平台，平台方整合供应商资源，通过较低的进价采购商品，然后以较高的售价出售商品，自营型平台主要通过赚取商品差价盈利，代表企业有兰亭集势、米兰网、大龙网等
	外贸电商代运营服务商模式	在外贸电商代运营服务商这种模式中，服务提供商是不直接参与任何电子商务买卖过程的，而只为从事跨境外贸电商的中小企业提供不同的服务模块，如"市场研究模块""营销商务平台建设模块""海外营销解决方案模块"等，这些企业以电商服务商的身份帮助外贸企业建设独立的电商网站平台，并提供全方位的电商解决方案，使外贸企业直接把商品销售给国外零售商或消费者，服务提供商能够提供一站式电商解决方案，并能帮助外贸企业建立个性化的电商平台，其主要是靠赚取企业支付的服务费用盈利，代表企业有四海商舟、锐意企创等

三、跨境电商的具体特征

电子商务以及国际贸易的主要特征共同构成了跨境电商的独特特点。比起传统的销售模式，跨境电商具有更大的复杂性。其具体的特征表现在以下三个方面。

第一，电子商务作为一种国际贸易发展背景下的新型的交易方式，具有流程过于复杂、相关法规制度不完善等不足，在税收、通关和支付等领域中，相关法规还不够健全。

第二，在物流、信息流和资金流等方面，要素与构成要结合紧密，不能够出现任何的漏洞，但凡出现任何一个小的方面的衔接不恰当，都会使整个跨境电商活动出现意想不到的损失和困难。

第三，由于各国的政治、经济等情况不相同，因此跨境电商在实际的操作过程中，会面临更多的风险，受到国际上的政治、经济和各个国家的法规、政策等的影响也会比较大。

具体来讲,跨境电商具有以下五方面的优势。

(一)全球性

全球性和非中心化是跨境电商依附于网络所派生出的新的特点。无论在任何时间和地点,一个人只要具备一定的技术手段,就可以让信息在网络上出现,促进交易的完成。跨境电商是在特定的网络环境中出现的一种新的交易,它打破了传统的通过实地交易完成钱货交换的限制,地理因素不再是交易中的一种限制。同时,跨境电商的制造商可以在不愿意让对方知晓自己的具体位置时,对实际位置进行隐藏。比如,一家公司在刚组建时也许还未建立实体店,那么他们可以先成立一个网络上的在线公司,制作一个世界各地的消费者都能够自由观看的网页。这种方式既能够使消费者接触自己喜欢的产品,又能够缓解公司在起步时期无法建立实体店铺的尴尬局面。只需要接入互联网,消费者就可以与商家进行交易。

(二)可追踪性

在议价、下单、物流和支付等交易过程中,跨境电商都会对相关的信息进行记录备案。消费者也可以通过在线查询的方式实时追踪自己购买的商品是否发货以及运输到的地点。比如,为了对跨境的进口商品的安全负责,我国明确规定,跨境电商企业要建立起源头可以被追溯、过程可以被控制、货物流向可以被追踪的闭环式检验和检疫的监管体系。这种流程可以使通关的效率得到大幅度提升,同时进口商品的质量也能够有保障。

(三)无纸化

在环保方面,跨境电商也做出了一定的贡献。现代的电子计算机通信技术代替了传统的纸面文件的交易方式,发送电子邮件或者接收电子信息这样的方式使信息在发送和接收的过程中,纸张被互联网电子邮件完全替代,从而实现无纸化。无纸化不仅能够对环境保护做出贡献,而且也使信息在传递的过程中不再受到纸张因素的限制。由于"有纸交易"是传统法律规范的出发点,所以在无纸化时代,违法现象也就随之而来。

(四)多边化

在信息流、商业流、物流和资金流中,跨境电商已经由传统的双边模式逐渐向多边方向发展和演变,并且以跨境电商这个中心为根本,呈现出网络状的复杂结构。在跨境电商的交易中,电商企业可以在甲国建立交易平台,在乙国建立结算支付平台，在丙国建造物流平台。这样一来，国家与国家之间的直接贸易跨境电商就逐步进入了网络时代，而传统的直线式的链条结构也被渐渐取代了。在与跨国大型企业进行协调，或者是单向的交易模式的处理过程中，中小微型企业多采取简单依附的方式进行商业合作。在实现网络交易的过程中，中小微型企业已经呈现出动态连接。在跨境电商生态圈的辅助下，中小微型企业间可以达成新的交易方式，通过动态结网的方式来对贸易进行组织，并且在各种商务活动中总结知识和实践经验。"基于云和数据的全球电商生态圈"是未来跨境电商的制高点，跨境贸易的各种功能都可以为中小微型企业提供服务。而且在这样一个过程之中，中小微型企业的信用也会不断地得到累积。

（五）透明化

通过电商交易与服务平台，跨境电商可以实现多个国家的企业之间、企业和最终消费者之间的直接交易，同时在跨境电商的发展过程中，供求双方的贸易活动还可以更加标准化。各种相关的活动和凭证，诸如发票、合同等，都可以在网络环境下实现迅速传递，使贸易信息的透明度最大化，将由信息不对称造成的贸易风险降到最低。这样的过程使一些在传统的贸易交流中存在的中间角色被弱化并逐渐被取代，相关的国际贸易供应链条呈现出扁平化的发展趋势。无论是制造商还是消费者，都能够获得最终的利益。在跨境电商平台的辅助下，国际贸易的门槛实现了大幅度降低，贸易主体也呈现出多样化的发展趋势，贸易主体阵营获得了丰富。

四、跨境电商存在的问题

跨境电商物流、跨境电商平台、跨境电商支付、跨境电商通关和跨境电商融资等相关外贸综合服务的诞生，都是跨境电商快速发展的结果。在此基础之上，贸易变得更加方便快捷，但是在物流、商品、法律法规和通关等方面也会面临一些行业性的困难。这些困难使跨境电商的发展越来越不顺利。

（一）商品品牌意识不强，并且同质化问题比较严重

在跨境电商的发展过程中，大批商家看到了这一领域广阔的发展前景，逐渐向这一商业模式靠拢。这使跨境电商领域的行业竞争越来越激烈。跨境电商领域都将销量好、利润高的商品当成热销商品，致使同质化的问题越来越严重，甚至在行业内部出现了明显的价格战的倾向。在很大程度上，跨境电商的发展都要凭借商品的低廉价格来吸引消费者购买。很多跨境电商企业还没有进入品

牌化的建设阶段，这致使其对于相关的商业知识产权的意识不清晰，一些商品由于知识产权问题无法解决而不能够出口。

（二）通关结汇困难，物流时间过长

跨境电商在发展过程中，逐渐实现了小批量、碎片化的发展模式。快速通关困难、退税问题过多和结汇规范程度较低等问题，是小额贸易在现阶段出现的重要问题。"清单核放、汇总申报"，是目前我国相关部门针对跨境电商的零售出口领域所实行的基本通关模式。但是这一项规定只适用于B2C企业，B2B中小型外贸企业在通关方面仍然是困难重重。消费者的权益无法得到保证、进口商品的品质无法得到鉴定和识别，这一系列的问题都使进口过程变得越来越困难。路途遥远、跨地区和跨国等情况是跨境电商经常面临的，且各国之间的交流习惯、规章制度等不统一，更是使货物的运输时间变长。从中国向美国或者是向欧洲国家运输货物至少需要七天的时间，而运输到更远的国家，有时甚至需要一个月的时间。此外，收货的时间也不能得到保障，有些可以七天就收到的商品，消费者却需要等到二十天才可以收到。

（三）网络信息安全体系不够完善

由于电商活动采取网络交易的方式，因此卖家和买家完全不需要见面。再加上涉及客户信息等问题，就使电商活动在运行中需要严格关注相关的安全问题，包括信息安全、资金安全和货物安全等，都是各方关注的重点问题。在这些安全问题中，最重要的一个方面就是网上支付和结算的相关信息是否安全和可靠。这些安全隐患成为电商发展过程中最大的障碍。发展电商最重要的就是网络安全问题，网络连接过程中的故障和网络传输过程中的误码问题都应该尽可能地避免。我国的电商领域逐渐地扩大，很多电商网站在安全体系方面并没有下太多的功夫。这样一来，安全性薄弱的网站很容易成为网络黑客和计算机病毒攻击的重点，电商活动在消费者心中的整体地位就会逐渐下降。同时，在交易安全方面，跨境电商也面临着不小的挑战，包括合约、价格等都是商业范围内需要重点保密的信息。但是网络上的黑客和病毒会通过网络入侵的方式，使单据的伪造和商务性质的诈骗现象防不胜防。跨境电商的发展因此而受到影响，众多的外贸公司也因此而不敢进行网上签约和网上交易结算。

（四）电子商务方面的法律制度不够健全

近几年来，国家对于跨境电商领域的重视程度逐渐地加大，陆续出台了许多相关的政策和法规，使跨境电商在制度和安全等方面都获得了一定的提升。

但是法律在网上争议的应对、跨境电商的征税和消费者权益的保护等方面，还没有做出明确的规定。跨境电商在成长过程中所牵扯的方面很多，不仅与参加贸易的对象有着密切的联系，而且与不同的地区和国家的海关部门、税收部门、银行部门、工商管理部门和保险部门都要经常进行交流。运输金额过高、关税过高等问题一直无法得到妥善解决，包括外汇兑换和资金风险等支付问题也没有良好的解决方案。关于仲裁是否公平、贸易是否有保障等问题也没有统一的法律政策支持。跨地区、跨部门的综合性协调机制一直无法建立，知识产权、电子合同、信息资源与网络安全等的执行力度和标准都需要进一步商榷。同时，电商跨国家、跨地区、跨部门商业化运营和发展制度也需要进一步完善。

（五）跨境电商领域的人才缺口过大

在电商快速发展的过程中，综合型外贸人才缺口的问题逐渐被暴露在公众的视野中，主要的原因来自两个方面。一方面，目前的跨境电商人才多与外贸行业相关，在人才的选拔过程中比较注重其英语方面的能力，而忽视了其他语言方面的人才，导致小语种的跨境电商的缺乏，人才在语言方面有所限制。另一方面，跨境电商从业者的综合能力要更高，除了对外贸和电商领域的相关知识要全面、扎实地掌握之外，还要及时了解国外的市场行情、不同消费习惯、不同交易方式以及各种平台上独具个性的交易特征和规则。只有同时具备以上两方面能力，才能够称之为合格的跨境电商专业人才。但是就目前的大环境而言，符合要求者占少数，因此跨境电商人才往往呈现供不应求的态势。

五、跨境电商的发展趋势

从 2011 年开始，中国的跨境电商领域就一直呈现出高速增长态势。在跨境电商的交易规模中，B2B 以 90% 的比例居于主导地位，B2C 以 10% 的比例居于其次，呈现出逐年递减的趋势。而就跨境电商的进出口结构而言，跨境出口以 85% 的比例占据第一的位置，跨境进口则占 15%，呈现出递增的势头。在进出口贸易总额中，跨境电商的比例不断上升，现已达 20%。中国的商家借助跨境电商的出口环节，实现与国外的买家直接接触。这种结构使中国制造业和服务水平都有了明显的提高。而以跨境电商为媒介的进口环节，则使很多的中国买家有机会购买到更多的优质产品。一大批商品也在我国与其他国家签订了自由贸易协议之后实现了零关税。在跨境电商未来的发展前景中，商品的流动数量将会远远超出我们的想象，满足更多人的需求。

（一）商品品类以及销售市场更加多元化

跨境电商的交易商品伴随着跨境电商的发展而逐渐地朝多品类方向发展，同时交易对象也随之涉及更多的区域。服装饰品、食品药品、电子商品、汽车配件、计算机类商品、家居园艺以及珠宝类商品，以其运输方便的优势而成为跨境电商销售的主要商品品类。跨境电商业务的主要扩张手段也成了拓展销售品类。"中国商品"和全球消费者的日常生活的联系在不断拓展的商品品类中变得越来越密切，极具消费能力的全球跨境网购群体也由此被跨境电商发现。

美国、德国、英国和澳大利亚等都可以被称为销售目标比较成熟的市场。它们普遍具有比较成熟的消费习惯、迅速传播的网购理念、高度文明的商业规范和配套先进的物流设备。由于这些国家具有以上的优势，因此会在未来成为跨境电商零售领域的重要目标市场。而除此之外的一些新兴市场，也正以持续上升的姿态成为跨境电商零售出口产业中的新动力。印度、俄罗斯和巴西等国家，虽然其国内的本土企业发展势头并不明显，但是国民消费热情却十分高涨。包括我国在内的一些国家制造的物美价廉的商品，在这些国家有着广阔的市场前景。电商的相关理念虽然在中东和非洲等地的普及率并不是很高，但是在未来的发展中，这些地区依然具有一定的潜力。

（二）在交易结构上，B2C 占比提升，B2B 和 B2C 协同发展

近年来，以 B2C 为主的跨境电商发展模式逐渐成为企业的新宠，逐步实现了爆发式的增长。其中的主要原因是，以 B2C 为主要业务模式的跨境电商具有比较显著的优势。B2C 模式与传统模式相比较而言，其可以直接忽略传统贸易模式下的全部中间环节，实现由工厂到商品的路径最优化，以此来实现利润最大化。在 B2C 模式中，终端的消费者与企业之间可以实现面对面的交流，企业能够更好地掌控市场的需求，第一时间了解相关的市场动态，同时也能制订出消费者所需要的最适合的相关方案。比起单一、传统的市场营销模式，小额度的 B2C 贸易手段更灵活，且商品的销售不受地域限制，在全球 200 余个国家和地区中都可以进行商品的销售。这样不仅能够缓解市场的竞争压力，还能够扩大相应的市场空间。

（三）在交易渠道上，移动端成为跨境电商发展的重要推动力

线上与线下的商务界限逐渐被移动技术的发展所融合。以"互联、无缝、多屏"为主要核心的全渠道购物方式迅速地发展起来。从 B2C 的角度来看，移动端的购物方式使消费者在购物的过程中能够获得更好的购物体验，从而做到随地、随时、随心所欲。这样不仅增加了市场的相关需求，而且也给大批的跨境零售出口电商带来了更多的发展机会。B2B 的发展则更加倾向于碎片化、小额度的发展方式，跨国交易在移动技术的支持下实现了真正的无缝衔接，卖家可以在不受时间和地域等因素的限制下，自由地进行商品的售卖。买卖双方在移动端媒介的支持下，实现了零距离以及沟通的零压力。

（四）在大数据时代，产业生态更完善，各环节协同发展

商品检验、保险、税务、银行、运输和海关等部门，都是跨境电商所涵盖的重要部门。在这些部门的协同运作下，会产生跨境电商所需要的信息流、单据流、物流和资金流等重要数据。这些信息在大数据时代，被企业内部进行分析，为以后的融资、决策和信用等方面提供了重要的支持。伴随着跨境电商在经济领域的不断发展，在线支付、软件、代运营和物流等行业都围绕着跨境电商领域不断地聚集，并为相关人员提供网站运营、售后服务、营销、质量检查、保险等专业性服务，这一发展使整个的行业在生态体系的构建方面越来越健全。

第二节　中国跨境电商的发展

一、中国跨境电商的发展阶段

第一阶段（萌芽期，1997—2007 年）。中国的跨境电商始于 20 世纪末，第一个支持中小企业出口的 B2B 平台是阿里巴巴国际站和中国制造网。1996 年至 1999 年，中国化工网、中国制造网、阿里巴巴国际站成立，这些跨境电商平台用于展示中小企业的商品信息，提供基本信息服务，如撮合交易等。

第二阶段（发展期，2008—2013 年）。因为全球网民的渗透以及跨境支付的迅速发展，物流和其他服务水平的跨境电商零售出口业务（B2C 或 C2C）蓬勃发展。跨境电商零售业的发展带来了国际贸易方式的重大变化，大量中国中小企业和网络商家开始直接参与国际贸易。

第三阶段（爆发期，2014 年至今）。2014 年，中国制定了跨境电商零售进口的监管条例，一些国内中小企业和网上商家进行了更深层次的创新，促进

了跨境电商零售进口的快速发展。跨境电商零售进口平台，如天猫国际、考拉海购等公司诞生，整个行业在 2015 年经历了爆发性增长。跨境电商始于 20 世纪末，改变了传统的国际贸易营销方式，随着全球互联网基础设施的快速发展，跨境电商现在已在国际贸易中运作起来。中小企业直接与全球用户互动和交易，受众更广泛，各方的利益更加平衡。

中国跨境电商发展经历了三个阶段（图 1-2-1）。

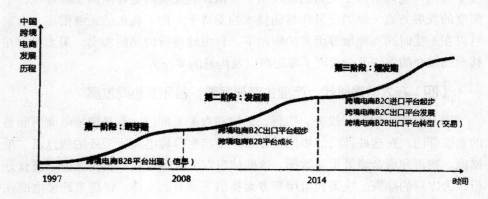

图 1-2-1　中国跨境电商的三个发展阶段

二、中国跨境电商的增长动力

近年来，跨境电商的快速发展加速了中小型企业消费、贸易、服务向经济全球化方向发展，中国的跨境电商增长动力有如下四个。

（一）增长动力之一：技术进步

从以往的情况来看，许多中小型企业无法从市场当中及时获取信息，从而导致其无法像跨国公司一般进行国际贸易交流。这一情况直至 21 世纪初期有所改善，伴随着互联网技术的持续发展，电商平台也不断扩大，市场信息的获取更为简便，信息获取成本也更低。随着支付系统的逐渐完善、物流系统的转变、大数据的逐渐普及，跨境贸易也逐渐走入众多中小型企业的视野当中。以上种种都为跨境电商的兴起提供了稳固的基础。

（二）增长动力之二：消费升级

据了解，中国经济的主要增长动力就是消费。中国的消费程度将进一步升级。消费者对于产品的需求也不再单一，于是商品的质优价廉就成为消费者的重要要求。据估计，未来电商将成为个人消费增长率的重要贡献者。与此同时，作为电商的消费基础，逐渐增长的网购用户成为关注的重点。

（三）增长动力之三：产业基础

在中国的外贸企业当中，中小型企业约占外贸总额的 60% 左右。因为众多中小型企业的不断加入，跨境电商的进出口贸易得到了飞速发展，其发展规模扩大。

中国所拥有的传统工业基础十分雄厚，并且具备先进的设计、制造水平，在这方面，通过服装、鞋帽以及数码产品便可见一斑，而恰恰是通过这些具有先进水平的制造领域，我国成为世界生产大国。

（四）增长动力之四：信用保障

从中国跨境电商的发展历程来看，信用体系和担保交易不仅对淘宝等零售平台的发展具有重要意义，还对跨境电商 B2B 的发展起着重要作用。尽管中国的跨境电商 B2B 平台起步较早，但过去还没有建立信用担保体系，整体发展缓慢。自 2015 年以来，以阿里巴巴集团为代表的中国跨境电商 B2B 平台国际站已逐渐从信息服务平台转变为交易平台，而这种转型是企业交易和信用数据的逐步积累。通过综合外贸服务平台提供的"关、检、税、汇"服务，跨境电商平台将获得企业的实际交易数据，获得更好的国际买家，帮助企业建立全球在线交易信用系统，从而使企业获得更多的信任，信用即财富，以此形成一个良性循环。

三、中国跨境电商的发展展望

所谓的 B2B 跨境电商平台会大幅度扩展，从信息平台转为交易平台，发生重要的转变。全面的外贸服务使跨境电商平台能够更顺利地收集、分析贸易数据，在降低国际贸易风险的同时，还能够更好地帮助外贸企业创建网络交易平台，使跨境电商更好地被企业所接纳。另外，跨境电商平台能够根据大数据进行相应的匹配，通过完善的信息，提供更加全面的服务。

跨境电商零售业使"全球销售"与"全球购买"变得切实可行，方便了世界各地的企业与消费者。传统贸易相继转变为 C2B 与 C2M（消费者对生产者），以往的信息无法匹配的环节逐渐得到改善。生产者能够直接同消费者进行沟通，省去了中间商的差价，解决了信息不匹配的问题。生产者能够实时关注市场需求，构建全面化以及一体化的服务。借助平台的优势，以及专业的服务团队，跨境电商零售行业逐渐转变为面向世界的 B2B 贸易机制。尽管在这一期间不可避免地会产生一些替代性的行为，传统的 B2B 贸易将受到一定的影响，不过随之而来的是未来更多的贸易机会。这是不可逆转的趋势，也是未来创新的必然趋势。

跨境电商服务生态将更加繁荣和健康发展，跨境金融服务、跨境物流服务、外贸综合服务、跨境电商衍生服务（搜索关键词优化、人才培训等），大数据和云计算也将围绕跨境电商平台迅速发展。

跨境电商促进了互联网时代的到来，以及符合新规则的国际贸易新订单的形成，全球跨境电商零售业将成为国际贸易的重要组成部分。全球贸易实体和互联网时代贸易格局将发生重大的变化。因此，国际社会必须不断调整贸易体系、贸易规则和标准，以适应全球互联网经济和跨境电商的快速发展。

第三节　跨境电商营销策略

伴随着互联网行业的快速发展，越来越多的行业也开始与互联网科技相融合。从本质上来看，跨境电商营销属于营销的一种，但是在实际的营销过程中，它又与传统的营销模式有着不一样的地方。

一、跨境电商的营销活动

通过有效的营销活动，将精心准备的商品销售出去，是所有卖家都会思考的一个重要问题。要在商品的质量和价格等因素都与他人的商品一样的前提条件下，将自己的商品卖出去，不仅销售数量比其他人的商品多，而且要比其他人的商品销售价格高，这是一门学问，更是一种能力。在卖家所需要掌握的营销技能中，重要的一项就是怎样通过合适的促销活动，提升自己商品的销售数量。

（一）店铺的自主营销

每一个跨境电商平台都有自己独特的营销工具，如何根据活动特点、客户特点和商品特点使用合理的营销工具，从而实现销量与利润最大化，这是每个平台都应当认真学习和研究的。例如，在全球速卖通平台有四大店铺营销工具，分别是限时限量折扣、全店铺打折、店铺满立减、店铺优惠券。其中，限时限量折扣位居四大营销工具之首。在亚马逊平台有免运费、满减及折扣、买赠、买满再买优惠四大店铺营销工具。其中，免运费和满减及折扣是比较常用的店铺营销工具。

（二）SEO 形式的营销

1.SEO 营销的概念

SEO 是搜索引擎优化的英文缩写，是指通过采用易于搜索引擎索引的合理手段，使网站各项基本要素适合搜索引擎的检索原则并且对用户更友好，从而更容易被搜索引擎收录及优先排序。

SEO 通过总结搜索引擎的排名规律，对网站进行合理优化，使网站在搜索引擎中的排名提高，进而为网站带来更多的用户。它可以为网站提供生态式的自我营销解决方案，让网站在行业内占据领先地位，从而获得利润收益。

SEO 有其特有的优势，不仅可以节省成本，而且能够轻松地将商品展示到消费者最关注的位置。

2.SEO 推广策略

①目标关键词选择策略。目标关键词是指经过一系列的关键词分析，最后确定下来的商品。"主打"关键词，通俗地讲是指网站商品和服务的目标用户可能用来搜索的关键词，也叫核心关键词。通常每个网站页面的目标关键词有一个，最多不能超过两个，一般第二个目标关键词和第一个目标关键词比较相近。

②关键词使用策略。为了增强用户体验，卖家应结合商品特点，恰当地将关键词应用于文案中。关键词要自然地出现，卖家不要为了增加关键词而刻意在文案中加入关键词，这样会影响内容的可读性。关键词的密度要适当，如果密度过强，综合排名分值反而会下降。关键词的密度安排可通过分析竞争对手的比率，以及运用谷歌关键词分析工具，找到一个均衡值。一般每 100 个单词中出现 2～3 个关键词比较合理。

③站内链接策略。站内链接也称内链，指网站域名下的页面之间的互相链接，自己网站的内容链接到自己网站的内部页面。站内链接的主要作用有：网站内部之间的权重传递，推动网站页面的搜索引擎排名，提高用户体验度，让访客留得更久。

④站外链接策略。没有链接，信息都是孤立的。一个网站很难做到面面俱到，所以需要链接到其他网站，实现网站资源的相互补充。站外链接的途径很多，主要有文字链接、软文链接等，作用在于增加曝光、提高知名度、提升排名等。

3.SEO 优化策略

①对统一资源定位系统（URL）路径进行合理设计。合理设计的 URL 不

仅美观，还可以方便搜索引擎收录，提高搜索引擎的亲和度。

②导航结构优化，能为关键词带来权重，同时也能给用户带来很好的体验，让文章更容易被搜索引擎收录，同时用户也能轻松阅读，提高网站优化效率。

③如果卖家写了一篇很长的文章，涉及很多不同的话题，它在搜索引擎上的排名就不会高，因为它的相关性不高。如果想提高在搜索引擎中的排名，卖家就需要把文章分成几部分，把主题分得更明确。这样一个页面的主题就更紧凑，排名就会靠前。

④资源网站为商家提供了更好的平台，如微博、博客、论坛等，使其发布自己的文章。网站要求商家发布有质量的文章，并且是原创文章，一旦文章审核通过，就会被百度等搜索引擎快速收录，还有可能在其网站内转载。

⑤关注网站的用户体验，只有用户满意才能够让企业获得持久的生命力。

（三）SNS 模式的营销

1.SNS 社交平台的具体定义

SNS 即社会性网络服务，国际上以脸书（Facebook）、推特（Twitter）等平台为代表，旨在帮助人们建立社会性网络的互联网应用服务。

SNS 的另一种常用解释是"社交网站"或"社交网"。社会性网络是指个人之间的关系网络，这种基于社会网络关系系统思想的网站，就是社会性网络网站（SNS 网站）。

SNS 也指"社会性网络软件"，是一个采用分布式技术（通俗地说是采用P2P 技术）构建的下一代基于个人的网络基础软件。

2.SNS 社交平台营销的定义

关系营销是社交营销中最核心的组成部分。组建新的用户，同时与老用户之间保持一定的联系，是社交的重要技巧之一。在企业的发展过程中，任何的创业者都需要组建强大的网络关系，以此来实现自身企业的迅速发展。

SNS 平台的推广特点包括以下几点。

①在人群中进行直接宣传，直接面对消费群众，这样不仅提高了自己平台的可信程度，而且有利于其他消费者进行口碑宣传。

②在资金回笼方面效果显著，不仅投入的时间、物力和财力等减少，而且在短期内就能够有较强的效果，利用氛围制造销售成果。

③可以对于特定的销售目标使用特殊的手段，也可以使用普遍存在的销售手段进行营销，同时还可以组织特殊的人群进行重点的宣传造势。

④针对消费者的需求，及时更新自己所掌握的反馈信息，并将自己所指定的宣传方向和宣传战术进行更改。社交网站也属于一种真正的社交圈子，因此不能仅仅重视网站的商业化价值，否则很容易使用户产生逆反心理，致使用户屏蔽自己。所以，营销策略在实施的过程中也要讲究一定的技巧，尤其是运用社交网站进行的销售。

二、跨境电商营销策略的相关案例

（一）招商与自营模式相结合

通过自主营销和招商引资的模式进行联合，可以发挥出企业内部巨大的实力。外来的招商主要是用来对自身所存在的缺陷进行弥补。在这一方面，苏宁公司就是一个很好的典型。在传统的电商领域，苏宁公司可以充分发挥它在供应链和资金链环节的内部优势，而国际上资源的缺乏则可以通过世界范围内的招商计划来填补。在跨境电商领域，除天猫、亚马逊之外的又一大竞争者，就非苏宁公司莫属。

具有国际快递牌照是苏宁公司所具有的一大优势，它可以帮助苏宁公司建构起完美的海外流通体系。在我国的各省市地区，苏宁公司也都有着自己的门店，同时其还有自身独有的支付系统。这样一来，苏宁公司在跨境电商领域的发展前景就更加广阔。同时，苏宁公司与国外的品牌商也多有交流，这样就使国外的著名产品在进军中国市场时增色不少。

（二）保税区与直接营销模式相结合

让跨境电商企业能够直接在仓储、物流和采购领域进行决策，拥有自己的支付体系和物流监控体系的营销模式，是保税区与直接营销模式。

在保税区与直接营销模式相结合的过程中，比较成功的就是聚美优品。其在河南的保税物流区已经拥有了上万平方米的自理仓。至2015年年底，每日有将近八万包的进口货物被处理。2014年，河南保税物流中心与聚美优品完成了对接。从订单时间开始，直至接货时间结束，这一过程所消耗的时间被大大地缩短。同时，聚美优品的海外直发式服务更加便捷，这就使聚美海外购的购物周期大大地缩短，从原来的十五天一个周期，缩短至三天一个周期。而且其物流信息也变得全程可追踪，透明又便捷。

包括上市公司资本和品牌商整合在内的品牌优势，仓储物流低成本、体积小、保质期长、毛利润率高的品牌优势，以及较强的购买力、黏性优势、消费能力以及消费习惯等用户优势，是聚美优品独有的三个优势。

聚美优品海外购物在物流上一直强调速度的重要性。通过对全球的供应链进行整合，实现了由采购、物流至仓储的海外商品的购买流程，并且在不断的摸索中，开辟出了"海淘""自营"销售模式。聚美优品运用保税区，打造出了值得信赖的跨境电商平台，不仅使供应链的管理变得更加高效，而且打破了仓储物流方面的困难局面。聚美优品对于传统的海淘模式是一次强有力的挑战，不仅让海淘领域有了新的发展方向，而且使商品的流通更加一体化。

（三）海外直邮与保税进口模式相结合

通过与自贸区进行合作，天猫在跨境电商领域实现了一项新的突破，在全国范围内，通过保税物流中心，建立起了跨境物流仓库，同时，在广州、宁波、杭州、上海、郑州和重庆这六个城市建立了跨境电商贸易保护试验区，并与当地的产业园建立跨境合作关系，全方位搭建了跨境网点，不仅获得了大众的关注，而且得到了实际的法律保障，在海外直发方面进行了升级，也缩短了商品的购买者从下单购买到货物接收的时间。

中国消费者在天猫国际海淘的购物新环境下，不仅在购物时间上获得了最短的等待期，而且实现了商品价格最大的优惠。对于商家来说，物流的效率得到了提升，相应的物流成本则减少。需要我们注意的是，"保税进口"的商业模式还不够成熟，因此未来的发展如何，还需要进一步观察。

（四）自营而非纯平台的营销模式

2012年年底，京东上线了英文版网页，这一举动表明他们将直接面向海外买家进行货物销售。刘强东也于2014年年初，宣布京东将对国家化战略实施提升，自营化而非纯平台化的发展方式成为京东海外购的主要营销方式。所有的商品，不论门类，不看产地，将全部由京东进行把控，在确定商品无误后，随即发出商品，以保证这些包裹能够得到买家的信任。初期，京东在很大程度上会依靠比较有实力和影响力的海外经销商拿货，当经历了过渡期后，其会采用与国外品牌商直接合作的方式进行交易。

从目前的情势来看，京东海外购在布局方面已经接近尾声，并且期待着在今后的某一时刻继续完善其营销方案。全品类战略并不是京东海外购所实行的方式，通过京东会员的具体需要来确定商品种类的方式，才是京东接下来的持续发展目标。比起亚马逊、1 号店和天猫国际等，京东的海淘业务还未具体显现其优势，因此需要进一步进行观察。

（五）自营跨境 B2C 平台的商业模式

通过在上海自贸区建立仓库的方式，亚马逊实行保税备货的自贸模式，通过这一方式，将商品销售至全国。跨境网购的速度和体验，通过海外电商在中国保税区建立仓库的模式，得到了很大提升。这一模式无论是对消费者，还是对电商领域，都是一种具有发展前景的新方向。通过中国跨境电商网站发布的信息我们也可以看出，1 号店可以提前在上海自贸区将海外的商品进行备货，这是通过海外直邮模式或者是上海自贸区的保税进口模式实现的。此外，沃尔玛作为 1 号店的战略投资方，会把它的国际市场零售和采购资源整合的优势传递给"1 号海淘"。

"顺丰海淘"作为顺丰公司主导的跨境 B2C 电商网站，于 2014 年顺利上线。在美国、韩国、德国、日本、荷兰、新西兰和澳大利亚等国家，都可以看到"顺丰海淘"的商品。中文客服团队、详细情况汉语化和人民币支付功能等中国式销售元素，使其在中国迅速被广大客户所认可，而其具有的一键下单功能更是深受很多人的喜爱。当前，"顺丰海淘"的商品在五个工作日左右就能够送达，且多在食品、生活用品和母婴用品等方面。

组织货源要求较高、备货时资金占用量大、对用户的需求判断较高等要求，是保税进口模式通常具备的几个方面。同时，行业政策的变动也会对这一模式产生一定的影响。

（六）直购保税与海外商品闪购模式相结合

唯品会"全球特卖"活动于 2014 年 9 月正式亮相各大网站，而正规海外进口商品的"全球特卖"也成为唯品会所开通的独具特色的业务。"三单对接"是海关管理模式中的最高级别，也是唯品会"全球特卖"服务所采用的一个重要的营销策略。"三单对接"实现了"四位一体"的闭合性全链条式的管理体系，将消费者下单的信息自动地进行整合，并用于海关的核查备案订单、海关的核查运单以及海关的核查支付单中，实时传输给电商平台的供货方、信用的支付方和物流的转运方。

唯品会的"全球特卖"模式使商品在经营和服务方面变得更加透明化和阳光化。

（七）直销、直购和直邮相结合的"三直"模式

在所有的中国消费者跨境电商第三方交易平台中，洋码头绝对是其中的一个典范。这一平台包括了 C2C 模式的个人买手，以及生产者对消费者（M2C）模式的商户这两种类型。中国的消费者可以在洋码头上与国外的零售商实现对接，国外的零售商也可以直接将货物销售给中国的消费者，中国的消费者进行直接购买，两者之间可以实现直接邮寄。简单地概括，洋码头就是包括直邮、直销和直购在内的"三直"服务。

作为跨境电商领域的先行者，洋码头直接向第三方卖家开放，因此，苏宁、亚马逊和京东也就成为其正面的竞争对手。只有将商品的体验、海外的供应商和用户的体验三个方面进行提升，洋码头才有真正的立足之地。

（八）导购返利平台的商业模式

包括 eBay 和亚马逊等美国、德国和英国的 B2C 和 C2C 网站，其返利的商家主要是 55 海淘网。其主要是国内的消费者进行海外网购的返利网站，返利大约可占比 2% ～ 10% 左右。其覆盖的范围涉及食品、母婴、服饰和美妆等综合型品类。

包括引流和商品交易两部分的"导购返利平台"是一种技术门槛低、模式新颖的电商模式。在通常情况下，这一模式在乙客户端与境外的电商进行合作，并从丙客户端的用户中获取相应的流量。55 海淘网从目前的环境方面来说，在返利额度上有着很大的优势，但是在与商家的商业化合作方面，它的特色还不是很显著。

（九）垂直型自营跨境 B2C 平台的商业模式

平台在对自营商品进行选择时，通常将目光锁定在某一个特定的区域之中，包括母婴、美妆、护肤品和服装等领域，这一模式是典型的垂直型自营跨境 B2C 平台。蜜芽宝贝就是这一领域的代表。其通过"母婴品牌限时特卖"的活动，将进口的母婴品牌放在网站上热销，在 72 小时之内以低于市场价格的折扣价限时销售。根据相关数据分析，蜜芽宝贝的网站注册量已达百万，至 2014 年，它的月复购率超过 70%，商业交易总额（GMV）数据也达到了 1 亿元。海外的子公司从国外订货，通过直邮的方式报关入境；通过品牌方的国内总代购进行采购；在国外进行订货，经由宁波和广州等地的跨境电商试点模式运货；从国外订货，采取直接采购的方式，在各个口岸进行一般化贸易模式的运输，这些是中国电子商务研究中心得出的蜜芽宝贝的四种主要的供应链模式。

从采购到商品到达消费者手中，以蜜芽宝贝为主的跨境电商平台，因其良好的自营型和对于供应链的把控性，而受到广大消费者的喜爱。但是需要注意的一点是，这一营销模式在前期需要的资金支持比较大。

（十）跨境 C2C 平台的商业模式

2007 年，全球购出现在大众的视野中。消费者"足不出户，淘遍全球"的愿望在淘宝网打造的全球购网络平台上实现了。通过对每一位卖家的严格审查，和对每一件商品的细心挑选，全球购着力打造出了一个高端化的商品销售平台。另外，美国的很多本土品牌都是通过美国购物网进行售卖的，其经营的范围很大，首饰、服饰、名表、箱包、化妆品和保健品等都在其销售的范围内。美国购物网专注于直邮代购，兼顾批发零售的运营。其商品都从美国的分公司通过统一的物流方式进行快递配送。由美国的发货方直接将产品运送到消费者手中，不经过多余的中间环节，也不经过任何途径的中转运输。

美国购物网和全球购是我国国内第一批从事代购的专业化平台，其遵从的平台路线一般是 C2C 模式。而易趣网全球集市等平台也多采用这一方式进行销售。跨境供应链在这一类的网站中应用比较少，因此很难构建起充分的竞争优势。同时，这一类的网络平台在消费者的信任度方面也比较低。全球购和美国购物网这一类海外代购平台，在亚马逊、京东、1 号店和苏宁等加入后，逐渐呈现出衰弱之势。

交易主体分别归属于不同的关境，经由电商平台达成货物和钱款的交易，在进行支付和结算后，经过跨境物流将商品送达，使交易能够顺利完成的一类国际化的商务活动，叫作跨境电商。可追踪、多变化、无纸化、透明化和全球性等特点，是跨境电商所具有的最独特之处。

当然，在当前的大环境下，跨境电商还存在着一些能够继续改进的地方。在未来的发展中，跨境电商将会朝着销售市场和商品品类多元化方向迈进。而B2B 与 B2C 协同发展，B2C 占比提升等是交易结构上的发展。移动端的发展将会成为跨境电商在交易渠道上的重要推动力量。产业生态链完善将会成为大数据时代跨境电商各个环节协同发展的新方向。

第二章　网络营销与跨境电商网络营销

自 20 世纪 90 年代以来，互联网（Internet）迅速发展，在全球范围内形成了使用互联网的浪潮。随着计算机信息网络的发展，人们的生活、工作、学习、交流和娱乐都发生了重大的变化。企业必须积极利用新的网络技术来改变其经营理念、组织结构和营销方式，把握互联网发展带来的环境机遇，从而提高企业绩效。网络营销是适应网络技术发展的新起之秀，将使信息网络的社会变革成为信息社会营销战略中不可或缺的一部分。

第一节　网络营销

一、网络营销的概念

（一）什么是网络营销

网络营销是指利用信息技术创造、传播和传递客户价值，同时管理客户关系，目标是为组织和利益相关者创造收入。从狭义上讲，网络营销是信息技术应用于传统营销活动的一种方式。

在英语中，有许多网络营销短语。目前，电子营销经常使用 E 数字技术，它表达了电子、信息和网络的含义，并与电子商务互相对应。

（二）网络营销的内涵

网络营销的内涵主要体现在以下三个方面。

第一，网络营销不仅仅是使用万维网（World Wide Web，WWW）。万维网是互联网不可分割的一部分，万维网提供用文字和图片表达的用户界面，允许用户通过浏览器查看文本信息。万维网、电子邮件、即时通信工具等都是开展营销活动的有效方式，而用户接收信息的终端不仅限于计算机，其还能用电视机进行接收。

第二，网络营销不仅仅是使用技术。互联网主要提供信息，消费者可以使用互联网更容易地获取信息，还可以通过互联网反馈和传递信息。在互联网环境中，企业和消费者的思想和行为将发生很大的变化，因此网络营销不仅是信息技术的简单应用，也是信息技术与营销活动的有机结合，形成的营销活动具有新的表达方式和新的思想理念。

第三，网络营销不仅仅是在线销售和在线广告。在线销售和在线广告都只能被视为在线营销的基本活动，而不是在线营销的所有活动。在互联网上进行市场调查、提供新服务、应用新的定价策略、与消费者互动都是在线营销活动所涉及的领域。

二、网络营销的内容

互联网应用的发展不仅改变了企业的营销方式，而且改变了消费者的行为方式。因此，网络营销不仅使用信息技术网络，而且以新的方式和概念进行营销活动，内容非常丰富。网络营销和传统营销的理论基础与营销管理过程相同，但在具体操作过程中存在显著差异，网络营销的主要内容如下。

（一）网上市场调查

在线市场研究是在线营销的主要功能之一。互联网和传统媒体之间最大的区别之一是它的互动性。营销人员可以利用互联网的互动性进行市场调查。营销人员可以通过在线调查或电子邮件进行调查，收集第一手资料，并收集搜索引擎所需的二手信息。但是，互联网超越了时间和空间的限制，实现了信息共享，且拥有大量的信息。因此，当使用互联网进行市场调查时，营销人员不仅要学会有效使用网络工具，进行调查和组织数据，还要学会如何区分海量信息中有用且可靠的信息。

（二）网络消费者行为分析

相对来说，传统市场环境下的消费者同互联网环境下的消费者有着很大的不同。后者所掌握的信息更多，并且传播渠道更加广泛，能够有效地通过网络营销的方式进行宣传、分享以及互动。如果想要开展互联网营销活动，那么就必须对网络消费者群体进行调查，并且详细分析消费者的个人喜好。互联网能够作为众多消费者交流、分享的场所，所以，它理所当然地成为众多有着相同兴趣爱好的消费者的聚集地，吸引着人们不断地加入其中。正因如此，我们若要对消费者的行为进行分析，那么对这样的虚拟聚集地进行着重分析就显得尤为重要了。

（三）网络产品策略和服务策略

作为一种独特的、有效的沟通渠道，互联网无疑是重要的，它在推广线下商品的同时还能够吸取其他产品的销售经验，从而更好地实现产品的创新策略。因为网络环境与现实环境存在种种差异，在进行网络销售的时候不可避免地会出现某些问题。例如，消费者对于外观方面、质量方面以及价格方面不了解等。因此，互联网营销的策略便要"因地制宜"了，这也是对于网络营销十分重要的一部分。举个简单的例子，通过互联网，企业可以制订新产品开发以及产品组合销售的方案，在互联网上，随时发布新信息，并根据消费者的实际情况做出服务调整，这是众多品牌能够屹立在网络市场上的关键之一。与此同时，企业还可以根据自身的条件，来做一些网络互动，如公众号、小视频以及直播等，通过这些方式来使服务策略更加完善。

（四）网络品牌

建立和推广在线品牌资产是网络营销的主要任务之一。企业不仅可以通过互联网通信功能提高其品牌和产品的知名度，还可以建立企业的网络品牌（如域名品牌）。与传统市场一样，网络品牌也对在线消费者产生重大影响，网络品牌和传统品牌也存在差异。网络品牌的创立需要企业进行重新安排规划和投资。如果企业想充分展示品牌对网络营销的影响，就不应该依赖传统品牌，必须要同时计划并投资传统品牌和网络品牌，以实现它们之间的互补和互动。

（五）网络定价策略

信息技术的发展使网络环境中商品和服务的价格构成变得更加复杂，在互联网环境中，消费者更容易获取信息，在获得更多信息的同时，消费者的权益也在提升。因此，在一定程度上，消费者具有对商品价格的定价权利。此外，由于互联网上的信息共享和商品价格透明度的提高，企业和消费者可以通过网络来了解所有商品或服务的销售价格。因此，网络营销不同于传统市场营销，企业应该考虑互联网功能对产品价格的影响。

（六）网络销售渠道策略

互联网的不断发展不仅为消费者带来了方便，同时也大大降低了企业的人力、物力等成本。可以说，交易的网络化为人们带来了极大的便利。

不过，尽管互联网的发展为人们带来了极大的便利，问题却也随之而来。网络渠道逐渐复杂化便是其中的一个问题。需要注意的是，企业在进行网络营销平台的创建时，需要根据自身的网络渠道来进行成员的分配，这就需要具体的规划，如何做到同传统的销售渠道区别开来，在发展新的网络渠道的同时不会与传统方式发生冲突至关重要。

（七）网络销售促进策略

作为具备双向通信功能的渠道，互联网无疑是成功的，它以其跨越时间与空间的直接连接方式，使通信更为简洁方便，同时大大降低成本。现如今，广告新媒体等业务已经变成新型的产业。作为新型的产业，它具备传统报纸、杂志等媒介所不具备的特点，即互动性以及直接性。

（八）网络营销管理

互联网的缺点是没有实名制，这就导致政府相关部门无法对网络营销进行实时监控，随之而来的就是诸如网络销售产品的质量问题、消费者的个人信息安全问题等。这也是传统的营销活动所没有的问题。在这方面，企业必须严格把控，密切关注这些问题，否则在互联网这样一个传播迅速的通信渠道，会使其形象受到影响，进而导致问题持续恶化。因此，若要成功地进行网络营销，就一定要对网络营销的管理进行严格把控，否则无法达到网络营销的预期效果。

三、常用网络营销工具简介

（一）企业官方网站

企业的官方网站具备八大功能，分别为品牌服务、信息展示、产品陈列、客户关系、客户服务、资源协作、网络营销以及网络研究。在企业的网络营销建设方面，官方网站的作用尤为重要，是其他网络营销工具所不能及的。

（二）第三方电子商务平台

第三方电子商务平台的具体功能为客户服务、产品陈列、信息展示以及网络营销等。通过第三方电子商务平台，企业能够大大节省时间成本，简化电子商务流程，从而以最快的速度构建自身的官方平台。

（三）搜索引擎

利用搜索引擎能够提高企业的点击率与关注度，能够通过简短的搜索，大大提升企业在网络上的知名度，为自身的脱颖而出起到铺垫作用。

（四）社交媒体

所谓的社交媒体是指人们分享自己的意见，相互交流经验的平台。这样的网络社交平台很多，诸如微信、博客、论坛等，都是现阶段较为热门的社交平台。通过社交平台，我们便可以大大提升企业的知名度，为企业的宣传起到很大的作用。与此同时，我们还可以通过社交平台同客户建立良好的关系，从而更好地为客户服务。

（五）网络视频

网络视频集合了诸多优势，现已成为当下线上营销的一种趋势，通过诸多的叙述方式穿插自身的品牌和产品介绍，其中不乏娱乐、情感等故事题材。

（六）网络广告

网络广告作为现今主要的广告形式，以其覆盖面广、传播性强以及不受时间和空间限制等特点已经逐渐被人们接受。人们也逐渐习惯这一新兴的宣传媒介。

（七）电子邮件

电子邮件作为互联网上最广泛使用的通信方式，其作用是通过网络进行信息的交流。因此，企业也可通过电子邮件的方式来进行业务推广以及信息发布、市场调查等活动。

四、常用网络营销工具体系

从理论上讲，几乎所有的互联网工具以及平台都具备一定的网络营销基础，较为成功的平台如 QQ、微博等都明显产生了一定的营销效果。这一点从小米公司的官方微博上便可见一斑。小米公司在其官方微博上，为客户提供诸多服务，并且为众多微博应用群体展示了其自身的产品。

网络营销功能和实现其功能所需的网络营销工具系统如下（图 2-1-1）。

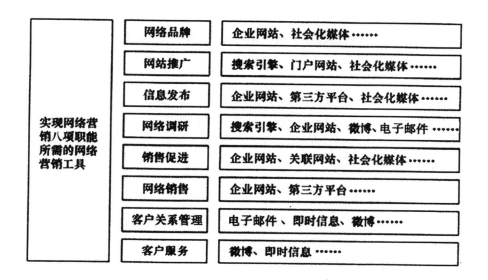

图 2-1-1 网络营销所需的营销工具

五、常见网络营销推广方法

（一）网络平台营销

通过为营销企业以及相关的第三方平台建设独立的官方网站，能够使网络营销的效果大大增强，通过网络平台的运营推广以及其他管理方式能够使网络平台更好地发挥其作用。

（二）搜索引擎营销

所谓的搜索引擎是指在用户输入想要查询的信息时将结果显示出来的网站。其通过满足用户搜索信息的需求来吸引用户的注意，并且在其中加入相关链接，使用户能够进一步了解官方信息，以此来全面实现企业的网络营销计划。

搜索引擎营销是在搜索结果中显示信息以在用户使用搜索引擎搜索信息时引起用户的注意，并诱使用户点击搜索结果中的链接进入网站以便获取更多详细信息，以此实施网站产品的促销。

（三）网络广告营销

借助广告平台的在线播放模式，可使企业的宣传信息、产品广告等在互联网上发布，这也是企业面向互联网众多用户的宣传方式之一。

（四）网络视频营销

企业将众多剪辑视频放到互联网上，供人们了解，以此来达成宣传的目的。

（五）软文营销

软文是指企业的策划人员或是企业内部的广告设计人员通过相应的计划设计出来的文字广告。同硬广告相比，软文更加贴合实际，并且大众的接纳程度较高，客户在进行阅读的同时不仅可以了解企业的特点，还能够从更大程度上了解企业所要宣传的产品，可谓一举两得。

（六）事件营销

事件营销是指企业通过与具备一定社会影响力的人物进行合作，从而大大提高企业的知名度，而这类具备社会影响力的人物通常是社会名流、影视明星以及网络红人等。通过与这些具备社会影响力的人物合作，企业能够提升知名度，从而营造出自己的品牌。

（七）病毒营销

病毒营销是指通过用户的社交网络传播信息如传播病毒一样，快速复制到数千万人手上。

第二节　跨境电商网络营销

跨境电商网络营销是一种新型的基于互联网的营销方式，它利用数字信息和在线媒体的互动来实现跨境电商营销的目标。实现跨境电商营销目标的主要手段包括跨境电商网络广告营销、跨境电商社交网络营销等。

下面以跨境电商网络广告营销为例，进行简要分析。

2016 年，国家工商行政管理总局发布的《互联网广告管理暂行办法》对互联网广告的定义："通过网站、网页、互联网应用程序等互联网媒介，以文字、图片、音频、视频或者其他形式，直接或者间接地推销商品或者服务的商业广告。"网络广告营销是跨境电商的一系列营销活动，跨境电商利用跨境网络广告来实现提高销售数量的目的。目前使用的网络广告形式包括展示广告、赞助商广告、分类广告、引导广告、电子邮件广告、媒体广告、搜索引擎广告、数字视频广告和移动广告。

目前来看，跨境电商网络广告的营销价值主要体现在以下几个方面。

一、品牌和产品推广

在所有网络营销方式中，促进跨境电商网络广告品牌和产品营销是提高跨境电商信息网络可靠性的最直接途径。同时，跨境电商网络广告的丰富性也为跨境电商更好地展示产品信息和企业形象提供了渠道和条件。除了促进在线销售外，跨境电商还致力于提升品牌的知名度。

二、网站和网店推广

跨境电商营销，特别是跨境电商网络广告营销的关键作用是推广企业网站（包括跨境电商商店），并尽可能多地吸引有效访问，这是评估跨境电商营销是否成功的关键标准之一。跨境电商的网络广告通常与跨境电商商店或产品页面相关联。每当国外用户点击国外网站上的广告链接时，对商店的访问次数就会增加。因此，跨境网络广告有利于推动跨境电商网站或在线商店的发展。

三、跨境电商网店的销售推广

实践表明，消费者的购买决策越来越受到不同形式广告的影响，特别是网络广告。当国外网站上的不同形式的广告与跨境电商产品页面相关联时，它能够直接促进跨境电商销售某类产品。随着各国网络广告的深入发展，电商跨境广告模式不断发生变化，产品内容和广告日益融合，这也改变了传统网络广告的价值。无论形式或价值如何变化，它在本质上是向受众传递营销信息的渠道或手段。其主要目的是吸引国外网络用户的注意力并提供跨境电商的营销信息。关注传输渠道和信息宽度，提高产品知名度和增加网上商店流量是跨境电商网络广告营销的直接目标。

第三章　跨境电商网络营销市场调研

根据《2017—2021 年中国跨境电商行业细分市场研究报告》显示，中国人的消费水平正不断提高，伴随而来的就是中国跨境电商市场规模的持续扩大。2016 年中国的跨境电商交易额增长了 24%，高达 6.7 万亿元。其中出口跨境电商交易额为 5.5 万亿元，进口跨境电商交易额为 1.2 万亿元。从政策以及资本等实际情况来看，现今跨境电商行业正处于飞速发展的黄金时期。未来跨境电商将成为我国重点战略之一，尤其是在国内市场红利逐渐消失的情况下，跨境电商就更有其发展的必要。

第一节　跨境电商网络营销市场分析

一、跨境进口电商市场结构分析

（一）跨境进口电商交易规模

2013 年后，我国的跨境电商平台得以飞速发展，而网购的用户数也随之飞快增长，其规模空前庞大。2015 年，我国的税收政策修改，商品的关税降低，又使跨境电商行业呈现爆发式增长。2016 年，众多跨境电商行业在积累了经验的同时，不断完善自身的服务，拓展自身的销售商品类型，依照这个趋势，我国的跨境电商将会在现有的基础上再度发展。随着国家政策的不断支持，跨境电商行业将会迎来更好的明天。2012—2016 年跨境进口电商市场交易规模具体数据如下所示（图 3-1-1）。

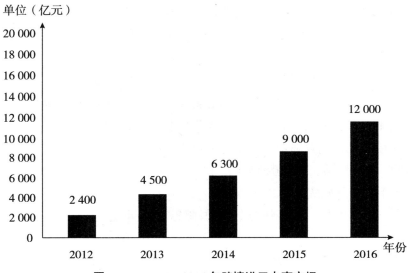

图 3-1-1　2012—2016 年跨境进口电商市场

（二）跨境进口电商重点企业成立时间

目前跨境进口电商的知名企业有洋码头、考拉海购、天猫国际等。其中，2009 年洋码头成立，2011 年蜜芽宝贝成立，2013 年小红书成立，随着 2014 年跨境进口电商的合法化以及税收政策的改变，2014 年至 2015 年这一时间段成为跨境进口电商平台成立的高峰期，考拉海购、天猫国际、唯品国际、全球购、宝贝格子等平台均在这两年内相继成立。

2014 年与 2015 年是跨境进口电商发展的爆发期，跨境网购用户在这两年里急速增长，消费形式的转变拉动了跨境进口电商的发展，而跨境进口电商平台的出现也带动了传统消费者消费观念的转变，跨境进口电商的发展进入鼎盛时期。

（三）跨境进口电商企业类型

考虑到进口商品的报关纳税和物流模式，按照跨境电商企业的经营模式可以将跨境进口电商企业做出如下的具体划分。

①使用直邮、拼邮发货的平台类电商：全球购、易趣、优集品、魅力惠、保税国际、么么嗖、跑客帮、熟人邦、冰帆海淘。

②使用保税仓或直邮、拼邮发货的平台类电商：洋码头、聚优澳品、海蜜严选、跨境淘。

③使用保税仓发货的自营类电商：达令全球好货、银泰网海淘馆。

④使用直邮、拼邮发货的自营类电商：中粮我买网全球购、一帆海淘网。

⑤使用保税仓或直邮发货的自营类电商：波罗蜜全球购、考拉海购、小红书、唯品国际、丰趣海淘、麦乐购、优盒网、五洲会、莎莎网、摩西网。

⑥使用直邮、拼邮发货的平台＋自营类电商：海淘大师。

⑦使用保税仓或直邮发货的平台＋自营类电商：天猫国际、宝贝格子、苏宁海外购、聚美优品、亚马逊海外购、1号店全球进口、国美海外购、蜜芽宝贝、宝宝树旗下的美囤妈妈。

⑧第三方物流：申通快递、中国邮政、顺丰速递、圆通速递、韵达速递。

⑨平台自建物流：贝海国际（洋码头）、品骏快递（唯品会）、菜鸟网络（阿里巴巴集团）、京东物流（京东集团）。

⑩转运类物流：飞猪转运、运淘美国、转运四方、优递速递、斑马物流、快鸟转运、海带宝。

⑪ 返利类海淘工具：55海淘、一淘。

⑫ 比价类海淘工具：惠惠购物助手。

⑬ 指南攻略类海淘工具：海淘贝、买个便宜货、北美省钱快报、海淘居、极客海淘、口袋购物、什么值得买、悠悠海淘。

（四）跨境进口电商重点企业市场份额

2016—2017年，在主流的跨境进口电商平台中，按整体交易额进行计算，考拉海购排名第一，占21.4%的份额；天猫国际名列第二，占17.7%的份额；唯品国际位居第三，占16.1%的份额；排名第四的是京东全球购，市场占比为15.2%；排名第五的是聚美极速免税店，占13.6%的份额；排名第六、第七的平台是小红书和洋码头，分别占6.4%和5.3%的份额；其他的跨境进口电商平台，包括宝贝格子、蜜芽宝贝、宝宝树等占总市场份额的4.3%（图3-1-2）。

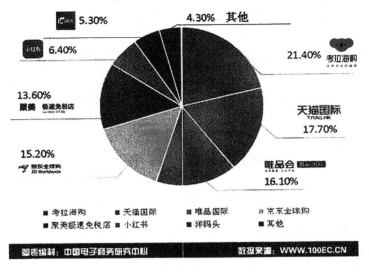

图 3-1-2 跨境进口电商市场份额占比

根据市场份额情况分析，中国跨境进口电商平台可以划分为三个梯队，第一梯队为考拉海购、天猫国际、唯品国际以及京东全球购，占整个市场 70.4% 的份额；第二梯队为聚美极速免税店、小红书以及洋码头；第三梯队为宝贝格子、蜜芽宝贝、宝宝树等平台。可以看出，位于第一梯队的都是规模较大的平台旗下的跨境进口电商，"寡头"效应显现，第二梯队是一些综合性的电商平台，而第三梯队大多是母婴类产品平台。

（五）跨境进口电商模式演变

跨境进口电商正在从个人代购的时代逐渐过渡到 B2C 模式当中，据调查显示，2015 年 B2C 模式占比空前增大，约为 47.7%，几乎与 C2C 模式持平。2016 年，B2C 模式更是一度高达 58.6%，远远超过了 C2C 模式，成为跨境进口电商的主要模式。2017 年，B2C 模式在跨境进口电商当中的比例更是上升到了 64.4%。

究其原因，我们可以从以下三个角度进行讨论。

第一，国家政策层面。2012 年初始，国家相继开放了跨境电商的试点城市。2013 年，国家又相继出台了利于跨境电商商品通关的政策。2014 年，国家对跨境电商有了明确的政策规定，跨境电商开始合法化，并且经营模式也逐渐规范化。伴随着国家对跨境电商的管理逐渐全面、规范，部分 C2C 平台相继转换为 B2C 平台。

第二，投资资本层面。跨境进口电商平台有很大的投资空间，受到投资资本的青睐。据统计，2016 年，跨境进口电商平台获得的单笔融资的平均金额约为 3 300 万美元，在披露融资的跨境进口电商平台中，有 6 家平台获得亿元人民币以上的融资金额。一些规模较大的 B2C 平台逐渐合并了一些规模较小的 C2C 平台。

第三，商品质量层面。由于 C2C 平台中的产品质量参差不齐，为了满足消费者对商品品质方面的需要，B2C 平台开始兴盛并成为主流。

二、跨境进口电商主要物流模式

（一）海外直邮成为跨境进口电商主要物流模式

在现今跨境进口电商当中，大体有以下三种网购的物流方式：海外直邮模式、保税进口模式以及海外拼邮模式。消费者海淘主要通过个人代购、国内的跨境电商平台以及海外的电商平台等渠道。自 2016 年新政策实施以来，以往的保税模式有所改变。自从得到新政策暂缓实行的消息后，众多跨境进口电商纷纷转型，开始着重投入海外直邮以及国内保税仓模式当中。

一些平台类的跨境电商则纷纷采用海外直邮模式，其中就有许多电商行业的领军企业，如苏宁海外购、唯品国际、蜜芽宝贝等，而这些平台其商品采购模式相对更为安全，质量方面能够有一定的保障，通过一次性快递配送到位，大大节省了成本。

至于平台 + 自营类跨境进口电商平台则纷纷选择了保税进口模式，这些跨境电商平台以配送速度快、保证产品的质量为核心，通过提前备货到国内保税仓，真正做到了未雨绸缪，而这类跨境电商的佼佼者，如考拉海购、国美海外购以及京东全球购等，都是行业的领军企业。

相对来说，个人卖家以及海外电商平台其电商模式与以上提到的不太一样，他们通常采用海外拼邮模式，由众多卖家一同合资进行包裹运送，当包裹抵达境内后，再逐一进行拆分。尽管这一模式节省资金成本，不过其缺点也很明显，那就是时间成本较高，并且有可能面临在拆分包裹的时候损坏商品或是丢失商品的风险，这就需要仔细斟酌。

（二）各种物流模式的报关纳税

第一，海外直邮模式的报关纳税。海外直邮主要分为 EMS 直邮、个人快件和 BC 直邮（保税直邮）三种模式。EMS 直邮的优势是速度较快，也比较稳定，对跨境进口电商来说比较关键的一点就是，除了抽查，它基本上是不用缴税的，EMS 直邮的劣势是价格较高。个人快件在原则上是海外的个人发给国内的个人，用于自身使用的物品，因此这些物品都不需要备案，也不会受到正面清单的约束。其税率很高，根据商品类型分别有 15%、30% 和 60% 三档税率，虽然有 50 元的免征额度，但综合来说，依然比跨境电商综合税高得多。BC 直邮是国家主推的一种方式。它相对较快也较稳定，并且合法合规，但其每一单都必须缴税，并且需要进行备案，并受到正面清单的限制。

第二，保税进口模式的报关纳税。在该模式下，货物进入保税区后处于保税状态，发货时因有订单支付单、物流运单以及消费者实名认证信息，所以是按照个人物品出区，不征收关税、增值税。其基本流程是货物到岸—报关报检—进海关监管仓—商家销售产品—数据通过试点平台向海关申报—海关审核—发货—消费者收货。海外直邮与保税进口模式主要运作情况如下（图 3-1-3）。

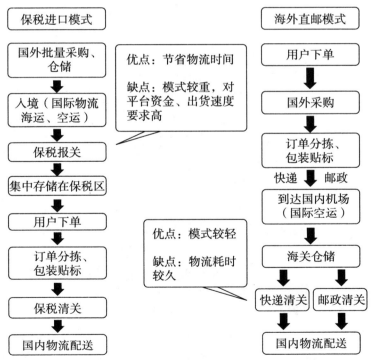

图 3-1-3 中国跨境进口电商平台的主要物流模式

三、跨境进口电商主要经营模式

跨境进口电商主要类型对比分析（表 3-1-1）。

表 3-1-1　跨境进口电商主要类型对比分析

经营模式		代表平台	模式介绍	优势	劣势
M2C 模式：平台招商		天猫国际 TMALL HK	电商将第三方商家引入平台，提供商品服务	模式用户信任度高，商家海外零售和授权，商品海外直邮，并且提供本地退换货服务	收入仅靠佣金，第三方商家品质难以保障
B2C 模式：保税自营＋直采		B&G JD.COM全球购	一部分采取自营，一部分允许商家入驻	供应链管理能力强，对掌握商品采取自营，非标品引进商家，SKU 丰富；正品真货，与品牌建立稳固关系，打通了产品的流通环节，规模效应强	资产模式、品类受限
闪购模式		唯品国际	凭借积累的闪购经验及用户黏性，采取低价抢购策略	产品变更快，新鲜度高，高折扣带来足够的利润空间，容易产生用户二次购买，能够最大利用现金流	物流成本高，门槛低，竞争激烈
线下转型 O2O		苏宁易购 聚美在线	依据线下门店或资源优势，同时布局线上平台，形成 O2O 闭环	和实体店，富有经验的采购团队与线上平台形成协同效应	线上引流能力不足，客户黏性需要长时间培养
直发／直运平台模式		洋码头	客户下单后，海外个人买手或商家从当地采购	不必挤压大量的商品库存，对跨境供应链的涉入较深	管理成本高，商品源不可控，买手的专业性需要进一步提高
自营模式	垂直	美国	品类的专项化程度高，以深耕某一特定领域为主	供应商模式多样化，可选择代采、直采、保税和直邮，单一品类细分程度高	前期需要较大资金支持
	综合	网易考拉海购 KAOLA.com	电商从源头采购商品销售给客户	商品源可控，消费者有保证，一站式购物	毛利水平低，品类选择少，SKU 少

续表

经营模式	代表平台	模式介绍	优势	劣势
C2C 代购模式	全球购 GTAOBAO.COM	客户下单后，海外个人买手或商家从当地采购，通过国际物流送达	先进流沉淀大，通过扩大买手数量扩充SKU	管理成本高，商品源不可控，收入仅为佣金和服务费
导购返利平台模式	什么值得买 SMZDM.COM	通过海外电商信息达到引流目的，再将订单汇总给海外电商	比较快递了解消费者的前期需求，引流速度快，技术门槛低	竞争激烈，难以形成规模

（一）自营直采

自营直采型电商在商品原产地设立分公司或办事处，直接对接优质品牌商或供应商，经过严格审查，从商品源头杜绝假货，保证商品的安全性。下面以考拉海购为例介绍自营直采型电商特点（图 3-1-4、图 3-1-5）。

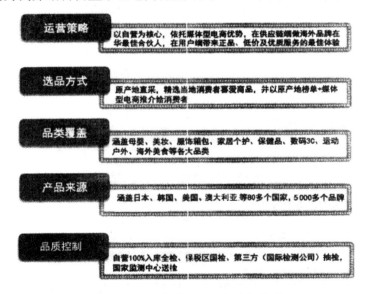

图 3-1-4　自营直采型电商特点（1）

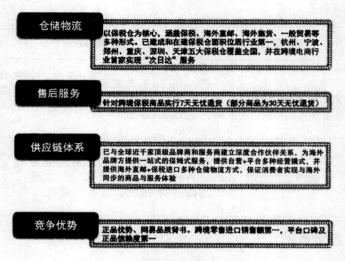

图 3-1-5　自营直采型电商特点（2）

（二）商家入驻

将产品的制造商或分销商引入平台。跨境进口电商平台将品牌商家引入平台就会帮助品牌方监管第三方卖家，如禁止零售商销售某些品牌，或要求卖家定价不得低于品牌方制定的最低售价。平台还会提供各种优惠措施吸引品牌方，如降低销售佣金费率。下面以天猫国际为例介绍商家入驻型电商特点（图3-1-6）。

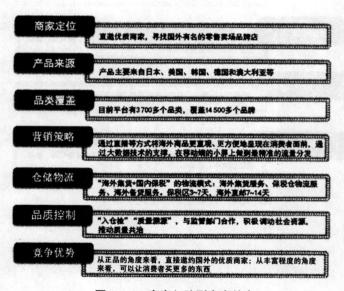

图 3-1-6　商家入驻型电商特点

（三）买手制（个人或企业）

个人买手必须具有海外长期居住的有效证明，并提交用于身份和地址认证的材料，审核通过后才能成为买手；企业买手必须提交企业法人合法合规的身份证明、海外注册公司的营业执照、海外注册公司的地址证明和其他国家法律法规规定的证书等，审核通过后才能成为买手。下面以洋码头交易流程为例进行说明（图 3-1-7）。

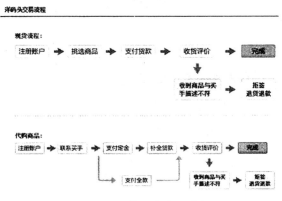

图 3-1-7　洋码头交易流程

四、跨境进口电商市场用户分析

（一）跨境进口电商用户规模数据分析

2016 年，我国经常进行跨境网购的用户达 0.42 亿人，同比增长 82.6%，人数大幅度增长；2017 年用户数量达到 0.59 亿人。

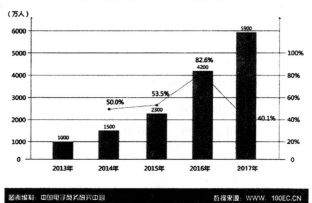

图 3-1-8　2013—2017 跨境进口电商的用户规模变化

其中跨境网购的用户数量能够不断增长，其原因大致有以下五点。

①国家政策支持，并且大力扶持跨境电商企业。所以在跨境电商企业迅速发展的时候，消费者也能够有更多的选择。

②物流速度超越以往，跨境购物不再需要漫长的等待。

③越来越多的人开始关注跨境电商，越来越多的资金注入众多跨境电商企业中，使跨境电商平台发展得越来越好。

④消费者自身的消费观念有了重大的改变，越来越看重商品的品质。

⑤经济全球化使众多优质的商品能够被人们所熟知，于是越来越多的海外商品被中国消费者所青睐。

（二）跨境进口电商用户性别占比

有数据表明，在 2016 年跨境网购用户中，男性比例约为 62.6%，女性比例约为 37.4%。男性消费者相较于女性消费者来说，跨境购物区别在于海淘商品的选择上。男性更加偏向选择数码类、运动类、保健类等产品，且更关注商品的性价比和商品的性能；女性则更加偏向服装、化妆品、母婴商品以及轻奢类产品，且更注重商品品质与购物体验。

（三）跨境进口电商用户主要区域分布

有数据显示，跨境网购用户主要集中在广东地区，占比为 14.1%，上海地区占比为 13.2%，北京地区占比为 12.2%。在其余省份中，江苏省占比为 9.2%，山东省占比为 7.2%，浙江省占比为 5.2%，福建省占比为 4.9%，河北省占比为 3.7%。

跨境网购用户主要集中在东部地区。东部地区较早得到国家政策的支持，经济较发达，跨境进口电商起步早，条件优越，消费者消费能力强，更追求生活品质。

（四）跨境进口电商用户偏爱商品分布

有关数据显示，截至 2016 年底，在跨境网络购物当中，众多用户消费占比最高的为美妆护理以及母婴用品，这两项占据了海外购物整体比例的绝大部分。

据了解，在跨境网购用户当中，年轻的"奶爸""奶妈"是主力军，越来越多的年轻人群体开始将海外网购视为生活的一部分。正因如此，美妆护理以及母婴用品受到了众多年轻人群体的欢迎。

伴随着社会主义经济的不断发展，人们的生活水平不断提高，对于商品的要求也越来越高，以至于跨境网购也逐渐普及。众多的进口商品随之而来，越来越多的年轻人群体选择海外网购。海外网购商品类型众多，如进口家电、进口家具等。

五、跨境出口电商市场规模分析

（一）中国跨境出口电商市场交易规模

2011—2016 年中国跨境出口电商市场交易规模如下（图 3-1-9）。

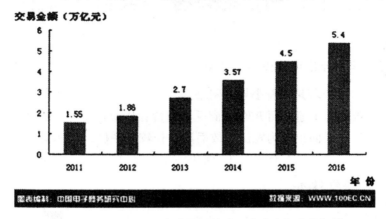

图 3-1-9　2011—2016 年中国跨境出口电商市场交易规模

（二）跨境出口电商 B2B 规模

就目前情况来看，跨境出口电商的主流模式依然为 B2B。不过相对来说，B2B 的价值空间上限较低，其信息服务模式亦有局限。近些年来，欧美经济不景气，外币贬值，导致了一系列问题。其中最为显著的问题就是以信息服务为核心收取会员费用或是以竞价排名形式为主的电商发展空间有限。单纯的信息服务企业势必会被其他更优质的企业所淘汰，于是由纯信息服务模式转型到综合贸易服务模式就势在必行。综合贸易服务变现率高于纯信息服务（图 3-1-10）。

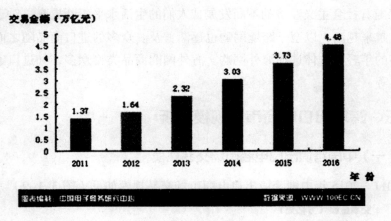

图 3-1-10　2011—2016 年中国跨境出口电商 B2B 市场交易规模

（三）跨境出口电商网络零售规模

跨境出口电商若是朝着小规模网络零售的模式发展，因其占比较小，所以在短期内很难成为主流。而 B2C 电商受到消费者体验以及群体的限制较小，而其所面向的消费层面也较为宽泛，故而其增长较为平稳，总体呈稳步上升的态势。行业面临竞争及成本瓶颈，在短期内难以成为主流（图 3-1-11）。

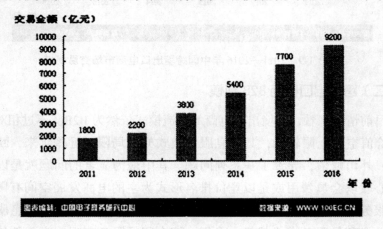

图 3-1-11　2011—2016 年中国跨境出口电商网络零售市场交易规模

其主要原因在于海外市场竞争较为激烈，品牌化的成长之路相对漫长。更为重要的一点则是，B2C 的主要市场都在欧、美等高度发达的国家，其本土的零售市场发展已经非常成熟，许多行业巨头的供应效率很高，诸如沃尔玛、亚马逊等商业巨头都有着稳固的销售供应链，故而小型的、分散的出口 B2C 电商就无法与之抗衡。

另外，低质低价难以持续，营销成本持续高企。出口 B2C 依托中国制造成本优势面向海外低端客户群体销售廉价商品，但商品同质化、低质倾销带来激烈的价格战与高企的营销成本。

（四）出口 B2B 与 B2C 发展情况

出口 B2B 电商的代表均诞生于 20 世纪 90 年代，其运行方式都是直接通过国内的生产商同国外的众多采购者进行交易，并且为消费者提供完善的服务。其中的代表企业有阿里巴巴国际站、环球市场、环球资源等。

出口 B2C 电商起源于"中国制造"，在运行初期，凭借着中国制造产品的低成本、高收益在跨境电商当中独占鳌头。其中典型的例子就是一些中小型卖家通过 eBay、亚马逊等销售平台向消费者出售具备优势的"中国制造"产品，以此来打通跨境电商的市场。2008 年世界金融危机爆发后，各行各业都受到了前所未有的打击，跨境电商行业同样面临着需求增加、成本增长的双重风向。在这一阶段，许多跨境电商企业不得不面临着行业重新洗牌，许多根基深厚、技术先进、经营效率高的企业存活了下来，并且开始着重于自身的差异化发展。现今，中国跨境电商产品多以成本优势、价格优势以及科技优势来吸引消费者。

以标准品为主的出口产品结构符合跨境电商的发展特征，标准品因其品类的统一性而天然地适合用互联网进行推广和销售。

六、主流跨境出口电商平台

（一）全球速卖通

为了将订单、支付以及配送的流程进行完善，并且将利润空间极大拓展，阿里巴巴集团打造了唯一一个面向全球市场的在线交易平台。2010 年 4 月，全球速卖通正式上线。全球速卖通有两种模式，分别为 B2B 和 B2C 模式，目前仅对缴纳会员费用的中国地区的供应商开放，作为一种中国供应商面向全球消费者的交易平台，这种小额的跨境电商又被称为"国际版的淘宝"。

自从全球速卖通成立以来，阿里巴巴集团在海外的新闻媒体上投入了巨额的资金用以宣传，仅仅在谷歌的关键词投入方面就投入了数十万关键词，并且通过电子邮件以及社交网络服务（SNS）等方式拓展了卖家的范围。通过精准投放广告，使买家的搜索更加精准，使全球速卖通海外的影响力大大提升。通过不懈的努力，全球速卖通如今已经成为中国最大的、全球第三大的英文在线购物平台，其实力不容小觑。

依照以往的国际贸易的形式来看，外贸交通通常都是一个完整的链条，从制造、出口、进口到批发等环节，可以说相当复杂。而跨境 B2C 模式则不然，这类模式是从制造商直接对接消费者，省去了中间的所有环节，真正地实现了国外消费者直接面对供应商。所以，全球速卖通的业务具备传统国际贸易模式所不具备的优势，即价格低、消费者选择多、操作简便，消费者能够轻松学会。正是这样的优点使全球速卖通业务能够在当今的电子商务热潮当中独占鳌头。

全球速卖通的优点是以往的传统国际贸易所无法比拟的，其优点大致为以下几点。

①操作流程简单，消费者更容易接纳，能够满足许多中小型企业快速进行出口贸易的愿望。作为全球贸易的电商平台，全球速卖通有中、英文两种操作面板，满足了商家与消费者的需求，特别适合一些初级卖家来进行电商销售。另外，全球速卖通对于企业是非常照顾的，在资金方面，其没有对企业施加任何限制。由于准入门槛较低，许多卖家都可以参与其中，企业乃至个人卖家都可以进行网络销售，从中赚取收益。全球速卖通有着一定的奖励措施，即在该平台上发布产品超过 10 个，就可以在平台上成立独立的店铺，届时店铺会面向全球所有的消费者。通过这一平台，卖家可以与世界各地的消费者进行实时沟通，通过发布产品消息、共同讨论以及订单迅速反应等措施，使全球购更加方便快捷，在提升双方交易的活跃性的同时满足中国中小型企业迅速进行出口贸易的愿望。

②交易流程极简化。全球速卖通的一个重要的优点就是交易流程极简化，为了节约出口贸易的人工成本以及时间成本，出口贸易商家无须在外贸管理方面备案，同时也省去了出口报检的流程。这全部由物流方面进行简洁操作，从而既快捷又安全地使双方进行交易。卖家与买家在线上沟通，无须其他烦琐的环节，只需确定买卖关系即可。卖家通过第三方物流进行极速发货，而买家则可以通过银行卡进行支付，简单方便。至于大家所关心的语言方面也没有问题，无语言门槛。

③无须支付关税。全球速卖通在进行商品售卖的时候，所发出的商品价格普遍较低，尚未达到缴纳关税的标准，所以无须担心关税等额外费用，这样在降低卖家成本的同时也大大降低了买家成本。因此，全球速卖通可以称得上是具备较强竞争力的电商平台。

④商品繁多，物美价廉。众所周知，中国是制造业大国，汇集了制造业的强大优势，是现今世界上最大的货源供应国之一。国外的一些消费者就常常利用跨境电商平台来同货源供应地——中国进行贸易。国外消费者在跨越了自己

国家的贸易网络后选择中国，多因中国制造的商品种类繁多、物美价廉。所以，全球速卖通的优势就在于此。

⑤近期没有贸易摩擦。全球速卖通业务订单金额通常不高，对于所售商品也通常以小型运输为主，从根本上讲并未对所运送目的地国家的产业造成影响，既然未曾对同行业造成重要影响，那么贸易摩擦问题也就不存在。尽管从目前来看，我们国家的出口贸易并未对进口国的相同产业造成重要影响，不过随着贸易商品规模的持续扩大，那么势必会对进口国的相同行业造成一定的影响，届时贸易摩擦就会出现了。所以对于贸易摩擦这一问题，总结来说，从目前情况来看，全球速卖通业务暂时没有贸易摩擦，但是从事态发展的角度来看，贸易摩擦是不可避免的，是迟早会出现的，需要及早预防。

（二）亚马逊

亚马逊公司是网络上最早开始经营电子商务的公司之一，其公司地址位于华盛顿州的西雅图，是美国最大的电商公司。它成立于 1994 年，在初始阶段运营产品有限，只有书籍销售业务，如今已经扩展到了极为广泛的销售范围，已经成为全球商品最为丰富的网络电商企业，同时它还是全球第二大互联网企业。2004 年，亚马逊公司又做出了新动作，先是收购了卓越网，之后更是根据卓越网的优点以及在中国市场的经验做出调整，使该平台的服务更加优质，促进了中国电商行业的发展。

亚马逊是全球最早建立的跨境电商 B2C 平台之一，对全球外贸的影响力非常大，中国外贸人选择跨境 B2C 平台时，首先认识的也是亚马逊，那时候也还没有全球速卖通等其他新兴平台。亚马逊对卖家产品的要求比较高，如产品质量、品牌等，交易手续比较复杂，规定后期收款的账户必须是英国、美国等国家的账户。卖家想要注册成为亚马逊的供应商，一般需要注意如下五点。

第一点，选择亚马逊平台，最好要有较为稳定的合作供应商。因为亚马逊平台一直以来坚持的都是以产品质量为主的营销理念，所以在合作方面一定要注意。

第二点，要悉心接受专业的培训，深入了解店铺的开设宗旨以及各种注意事项。亚马逊这一平台规章制度较为复杂，通常有着较为严格的审核流程，所以想要加入亚马逊这一平台，必须先进行电商方面的培训，这样才能避免风险的发生。

第三点，登录亚马逊平台必须要有独立的账号，最好是一台独立的计算机，切记不可同时登录两个或两个以上的账号，这样违反平台规定。

第四点，也是至关重要的一点，是需要办理一张美国的银行卡。亚马逊平台所产生的销售额都是保存在亚马逊的个人账户当中的，若想要将钱提取出来，就必须要有美国的银行卡，如此才能取出现金。通常来说，这个问题的解决也不难，国外有许多做自由贸易的商家，对于这方面的问题较容易解决，若是实在没有办法，那么国内也有一些代理机构可以办理这样的业务。

第五点，流量的重要性。在亚马逊平台当中，流量的配比相当重要，通过一些渠道来进行宣传，会加大店铺的知名度从而增加店铺的流量。

总而言之，选择亚马逊的商家通常都有一定的基础或资源，并且在资金方面也较为雄厚，在美国本土有着一定的人脉优势，有长期经营的准备和良好的心理素质。

亚马逊作为跨境电商的鼻祖之一，是名副其实的老牌电商企业，毫无疑问是具备一定的深厚底蕴的。

第一，亚马逊始终坚持"顾客至上"的营销理念。从其服务模式上就能够看出，其通过线上与线下的完美结合使服务更加便捷。网站的管理人员同顾客关系的维护受到平台的高度重视，这一点是毋庸置疑的。当顾客提出要求，或是遇到困难的时候，亚马逊的服务人员能够不厌其烦地对顾客进行指导，通过细致的交流来解决顾客的问题，服务可谓是十分贴心。在亚马逊的员工当中，约有 20% 的人员是专门针对顾客的问题进行详细解答的，通过在线客服、电子邮件等方式，为顾客提供全面的服务。另外，在货物的配送方面亚马逊也做得非常细致，顾客若是对商品不满意，可以无条件退货，并且还可以免收运费。这样的无微不至的服务态度使亚马逊的顾客始终不曾间断，其在保证回头客的情况下还能吸引新的顾客。

第二，数据信息量足够大。在亚马逊从事软件开发工作的员工大概有 20%，从图书的检索到购买、付费等一系列流程都由他们来进行编程，其中的每一步都是精心策划的，使买家能够深刻体会到服务简单化的便利。正是因为有这样一些人的勤奋努力，才使亚马逊的网络服务系统更加人性化，更加优质化。

从丰富的检索途径、灵活的营销手段，到可靠的付款方式和物流配送手段，全面周到的服务都证明亚马逊是一个优秀的跨境电商平台。

（三）易贝（eBay）

eBay 是一家美国电子商务公司，同时也是一个能够让全球消费者在网上进行物品买卖活动的购物网站，其于 1995 年 9 月在美国加利福尼亚州圣荷西创立。有知情人士称之为"国外的淘宝"，作为跨国零售电商平台，可以说 eBay 的实力毋庸置疑。对于国际零售方面的外贸人员来讲，eBay 的潜力巨大。它具备成熟的市场，开店手续相对亚马逊来说也要简单得多。

与之相对的，eBay 的缺点也较为明显，那就是其规则的偏向性较重，偏向了买家。若是产品出现了严重的售后问题，那么最终情况将会是卖家来承担损失，这对于卖家来讲是较为不公平的。简单来讲，eBay 曾经有过这样的案例，即买家在付款方式选择方面，通常选择的都是 PayPal，而这样的付款方式也导致在买家对于交易有争议的情况下，eBay 最终会将重心偏向买家，导致卖家的利益受损。

在 eBay 这一平台想要成功开店，产品的选择尤为重要，由于 eBay 的商品市场主要在美国和欧洲，所以针对地区情况选择商品是至关重要的，这就需要卖家在开店之前做好市场调查，通常可以通过以下方式来进行调研。

第一，结合自身店铺情况，针对当地市场进行深入研究，总结经验。

第二，针对美国、欧洲当地的人员特点、消费特点、人员爱好等方面进行调查，择优选取。

第三，选择相对热销的商品进行分析，仔细研究己方的优势，并将优势逐渐扩大。

第四，充分考虑到市场的发展前景，并经过深思熟虑从而对产品的发展周期做出详细的计划。

第五，对产品的利润以及可持续发展性进行研究，深入分析产品的特点。

eBay 相对于从事外贸的人员来说，其优势与劣势都相对较为明显，大致体现在以下几个方面。

第一，ebay 的开店门槛较低，但是所需的准备材料和手续较为复杂，其中诸如银行账单、发票等环节较为烦琐，所以想要开店就要对 eBay 的规则有较为深刻的了解。

第二，尽管在 eBay 开店是不收费的，但是在商品上架的时候却要收取一定的费用，从这一点来看，eBay 同国内平台的差别还是很大的。

第三，eBay 的审核时间较长，初始阶段卖家的商品数量不能超过 10 个，而且通常只能够进行拍卖，卖家需要累计信誉度才能进行更大规模的拍卖。另外，在进行交易后，其业绩的出单时间较长，这也是众多卖家所接受不了的。

第四，如果有客户投诉的话，店铺会因此而封停，所以产品的质量尤为重要，不容忽视。

总体来讲，eBay 最大的优势就是其位置优势，有着欧、美等高度成熟的市场。eBay 的操作较为简洁，其投入不大，适合有着一定资源优势的外贸人员来从事跨境电商。

（四）Wish

Wish 是一家新兴起的基于移动互联网的 B2C 跨境电商平台，其总部位于美国。其主要特点就是通过物美价廉的商品来吸引客户的注意。因为其具有物美价廉的特点，所以在美国市场上有着颇高的人气，而其主营商品多数都是从中国地区发货的，种类包括服装、珠宝、礼品等。Wish 之所以能够在短时间内发展起来，原因就是商品的物美价廉，并且该平台推荐商品的方式也颇具个性化，商品的质量也值得放心。

Wish 平台近些年来的发展成绩较为卓著，其中来自移动端的订单比例就高达 97%，其 App 的下载数量持续增长，日平均下载量高达 10 万左右，巅峰时期甚至高达 20 万，现今用户数量早已突破了 1 亿大关。值得注意的是，该平台运用了短短两年的时间就创造了远超 1 亿美元的交易额度。Wish 平台更为优秀的一点在于，在自身没有任何 PC 端运行经验的情况下，独立开展移动端的运行，可以说是独树一帜。Wish 利用移动端的特点来创立独特的运营模式，最终使自身平台得到了迅猛发展。举个简单的例子，移动端最大的优势就是能够随时随地进行商品的浏览以及信息的阅读，人们也许在某一个瞬间，在无所事事的时候拿起手机，就正好浏览到了推荐的商品，就有一定的概率会购买，即使暂时不会购买，也会留下一定的印象，从长远的角度来看，有很大的优势。

第一，相较于亚马逊、eBay 以及全球速卖通等跨境电商平台，Wish 有着更多的客户，其原因在于，该平台的娱乐性更强，相对来说更能吸引客户的注意。尽管亚马逊以及 eBay 平台都是由 PC 端开始的电商平台，并且其重心都是注重商品的交易。它们的不同点在于，eBay 平台相对交易情况来讲，更关注的是移动端的"用户推荐"，所呈现出来的商品都不一样，完全是依据客户的个人喜好来进行推送的。

第二，与其他社交性网站不同的是，Wish 不依靠任何其他的购物网站，完全依靠自身的平台实现商品交易。在其他社交网站上，在商品交易的时候，首先是客户选择商品，然后才是跳转到商品的详情页面，这样无疑会使客户的购物积极性大幅度削减，影响了商品的销售。Wish 平台依据客户资料，为客户推荐了许多商品，真正做到了"急您所需，懂您所想"。这样的推送方式，客户又怎么能够不喜爱呢？另外还有一点值得关注的是，Wish 平台每次推送的商品都是精简化的，避免了商品过多导致客户厌烦，使客户能够真正"随心所欲"。这一点正是国内的购物网站需要学习的。Wish 平台凭借着独有的技术以及推送模式，为自身的业务额度增长做出了贡献。

第三，与其他社交网站不同的是，Wish 能够提供更多的购买服务。客户在看到心仪的商品图片的时候，只能通过跳转的方式，来进入商品页面，甚至还有可能通过其他复杂的渠道进行购买，这就大大降低了客户购买的积极性。在 Wish 平台上，客户在选中自己喜爱的精美商品图片的时候，就能够随时随地购买，更方便。

以上提到的因素是 Wish 能够成为众多企业当中独树一帜的企业的原因。作为刚转型不久的跨境电商平台，Wish 显然还有些不足之处，包括物流、支付手段甚至是平台的规则等方面。《华尔街日报》曾指出，其送货的速度相对于亚马逊来讲就相差很多。从这一点来看，亚马逊能够在最短的时间内将货物送达，最快的时候可以实现在一个小时内送达，这是其他平台所不能比拟的，这一点上，Wish 确实需要改进。从当前态势来看，Wish 最需要解决的就是商品的运输问题，这也正是影响客户体验的重要因素。当然，从长期发展的角度来看，Wish 似乎应该坚持自己的特点，将更为优质的商品推送给客户，将自身打造成不可替代的电商平台。

其实，Wish 之所以能够这么火爆，是因为其基于 App 的简便、可操作性强的特点，Wish 在创立初期不过是一个收集信息和管理信息的工具，这一点值得众多电商企业来学习。对于众多中小型企业来讲，Wish 的成功似乎是为电商行业的持续发展做出了表率，让人们真正意识到互联网的潜力。

（五）名客来

名客来是国内新兴的 M2B 跨境电商平台，是专门为优质的生产工厂服务的高端国际贸易平台。通过名客来，会员工厂可以获得大量的国外采购商的信息，直接和采购商洽谈出口订单，建立自己的出口渠道，树立自己的出口品牌。

名客来以打造"客户信赖的国际贸易平台"为愿景，严格把关入驻平台的每一家会员工厂，入驻的会员工厂必须满足五个条件：

①必须是制造型工厂；

②工厂注册成立三年以上；

③产品质量好，符合相关的国内行业标准和国际行业标准；

④工厂本身有一定的资产规模；

⑤工厂的信誉良好。

名客来只允许工厂即制造商入驻，贸易商是不允许入驻的，并且每家工厂都实名可查、可追溯，保障了产品质量，解决了国际贸易中的"信任问题"。

成为名客来的会员工厂，就是进入了高端的国际市场俱乐部。"平台＋服务"是名客来的特色，名客来在为会员工厂提供产品展示、信息发布、采购商信息推送等基础服务的同时，还为会员工厂提供中国国际贸易促进委员会出口品牌认证、外贸托管、外贸培训、国际会展、海外云、收汇、物流、报关、融资、退税等特色服务。这些特色服务包括了国际贸易的每一个环节，能够切实解决会员工厂在出口过程中遇到的各种问题。该平台关注世界工厂利益，将中间商省去，实现制造商与买家的直接沟通，最重要的是在该平台上是不提供价格的，具体价格需要制造商与买家商议，避免出现价廉质低的现象，从而提高交易效率，节约交易成本。

中国的广大优质制造工厂可以通过名客来建立出口渠道，树立世界知名品牌。

七、跨境出口电商市场用户分析

（一）跨境出口电商整体贸易对象

2016 年，我国跨境出口电商出口的三大市场分别为美国、俄罗斯和西班牙。其中，出口俄罗斯的交易额占比由 2015 年的 16% 上涨至 21%，基本与出口美国的交易额持平。出口交易额增速最快的市场是巴拉圭，增长了 10 倍以上。

（二）跨境出口电商产品结构

随着产业发展及贸易环境的变化，2015—2016 年跨境出口电商的品类指数有了新排名。2016 年跨境电商出口商品规模及增长主要集中在手机及其配件、服装、母婴、健康、美容、家居、消费电子以及运动户外等二十几个大类上。

从规模及增速的综合指数看，排名提升明显的类别主要是电玩游戏和鞋类产品，而下降明显的主要是箱包及箱包辅料和时尚配件类。

第二节　跨境市场购买者分析

一、消费品市场

（一）消费品市场的影响因素

消费品作为不需要经过二次生产或是二次加工的产品，是可供人们直接消费的，同时也是社会的最终产物。消费品市场较为复杂，受到众多因素的影响，所以对于消费品的选择也就有所不同。这些影响因素包括地区因素、收入差别因素、习惯因素、民族文化因素以及性别年龄因素等。

在整个市场结构当中，影响市场结构的直接因素就是消费品市场。而消费品市场的发展正是市场发展的关键，毋庸置疑，消费品市场占据重要的地位。消费品的需求受到许多因素的影响，其中最重要的一点就是受到了人们的购买力的影响，这部分影响与人们的收入情况息息相关，作为限制因素影响着人们的消费。

（二）消费品市场的特点

①非营利性。消费者在购买某些商品的时候，考虑的不是商品能否再度营利，而是商品的使用是否合乎心意。

②非专业性。消费者在购物的时候，往往会受到一些商家的诱导，对自己所不了解的商品就行购买，较为常见的就是通过包装、广告等宣传渠道了解商品，对于商品的本质几乎一无所知。

③层次性。说到层次性就不得不提到消费者的收入水平，毕竟这是与消费者对商品的选择息息相关的。通常来讲，一般消费者最开始需要满足的是衣、食、住、行这些基本的需求，而只有这些基本的需求满足了，消费者才会有更高的追求。因此，层次性也决定了消费者的购买特性。

④可替代性。在消费品当中，除了极少数的商品有着唯一性的特点以外，大部分商品都有着可替代性的特点。

⑤广泛性。消费者人群分布广泛，其中城镇、乡村、国内外消费者比比皆是。

⑥流行性。消费需求不仅受到消费者自身需求的影响，同时也受到其所处环境、价值观以及其他外在因素的影响。时代在发展，消费者的需求自然也会有所改变。

消费品市场的系统极为庞大，并且极为复杂。任何年龄段的人都有可能是消费者人群当中的一员。受到不同因素的影响，各类消费者的购买习惯、动机以及方式等都有所不同。因此，市场也根据不同类型的人群划分为许多不同类型的市场，而每一个市场专门供应某一群体。在这里，我们着重分析的是跨境市场购买者的购买情况。

跨境市场购买者的主要类型有三种：

①个体消费者；

②中间商；

③公司采购。

跨境电商主要面对的是境外消费者，了解境外消费者的类型、境外消费者的生活形态对产品的定位、产品的品牌化和产品流通渠道的选择很有意义。

二、个体消费者购买行为分析

（一）生活形态研究

消费者本身的情况、生活体验、价值观、态度及期望的表现称为生活形态。它会影响消费者的需求与购买态度，最终影响消费者的购买与使用行为。

作为消费者，很少有人能够明确地体会生活形态在他们的商品购买过程中所起的作用，但生活形态却确确实实在消费者的购买过程中间接地、不知不觉地发挥着激励与引导的作用。

目前关于消费者生活形态的研究主要有 AIO 架构和 VALS 架构。

1.AIO 架构

学者温德与格林于 1974 年提出消费者生活形态的表述以及衡量方法，主要是针对消费者活动的主动性或者被动性、兴趣产生的过程与目的以及态度的情感认知和意见进行分析，用来衡量一个人的活动（Activity）、兴趣（Interest）和意见（Opinion），于是产生了 AIO 变量。

后来，学者普卢默于 1974 年提出了 AIO 量表，并在此基础上综合人口统计变量，形成了四大构面，提升了生活形态研究的实践性与应用价值。以该量表为基准，后期发展出很多的衍生量表和研究方法。

综观各种量表，一般均包含以下因素：

①态度：主要评估关于他人、意念和产品等；

②价值观：主要评估关于能够接受什么或者渴望得到什么的信念；

③活动与兴趣：主要评估关于消费者的业余时间都花费在哪些非职业行为方面；

④计变数：主要了解关于消费者的性别、年龄、受教育程度、收入水平、职业状态、家庭结构等方面；

⑤媒体形态：主要评估消费者使用的特定媒体；

⑥产品使用率：主要评估在特定产品种类中，消费者的消费频率。

一般而言，AIO 问卷中主要包含的元素如下（表 3-2-1）。

表 3-2-1 AIO 问卷中主要包含的元素

活动	兴趣	意见
工作、娱乐、社会活动、旅游度假、运动、购物等	职务、食物、媒体、运动、流行、家庭等	政治、商业、教育、经济、产品、文化等

受到政治、文化、信仰等多方面因素的影响，各国的消费者之间的购买态度、行为等方面都存在很大的差异，因此了解与分析跨境消费者的生活形态对于跨境贸易显得尤为重要。

2.VALS 架构

在市场营销的发展过程中，AIO 量表的局限性逐渐显现，并且在市场运作的过程中，学术领域的成果也产生了新的变化。

20 世纪 70 年代，美国加利福尼亚州的 SRIC-BI 公司开发了 VALS（价值观与生活，即 Values and Lifestyles 的缩写）。该模型很快在很多企业与咨询机构得到了应用。日本电报电话公司与 SRIC-BI 公司合作建立了针对日本的 VALS 模型，我国国内的相关机构也在此模型的基础上，针对中国消费者进行了分析，建立了 China VALS。

VALS 的主要成果是从市场细分入手，为企业提供产品设计、研发与销售的重要决策依据。与 AIO 相比，VALS 的应用性更强，其目的性与针对性也更强，但随着社会的不断发展，其也显现出了一些不足，在后续的应用中，有学者提出了 VALS2 等新的模型。VALS2 比 VALS 更接近消费者，该模型主要包含 4 个人口统计变量和 42 个带有倾向性的项目。借助于该模型对消费者的价值观念与生活形态进行调查，能够为企业的预测和决策提供相关依据与参考。尽管 VALS 和 VALS2 都是基于美国消费者开发出来的，但该技术目前也已经被应用于欧洲的消费者。

在对美国消费者市场进行细分的过程中，有学者借助 VALS2 对 170 个产品目录上产品的消费状况进行了调查。细分市场主要基于两个因素：消费者的资源与自我导向（表 3-2-2）。

表 3-2-2　美国消费者市场调查市场细分因素

消费者的资源	自我导向
收入、教育、 自信、健康、购买欲望、 智力、能力水平等	以原则为导向的消费者 以地位为导向的消费者 以面向行为为导向的消费者

其中，以原则为导向的消费者，左右他们的消费行为的主要是知识而不是感觉或者他人的观点；以地位为导向的消费者，他们为了赢得他人的认可而奋斗，他们的观点是基于其他人的行为和观点而产生的；以面向行为为导向的消费者，他们喜欢物质刺激的行为、活动与冒险。

根据自我导向变量，将美国的消费者分成了八个细分市场，分别是现代者、实现者、成就者、享乐者、信任者、奋斗者、休闲者和挣扎者。

现代者：调查发现 8% 的美国人属于此种类型，此细分市场的人群高度自信，拥有高学历和高教育水平，阅读了大量的出版物，对观看电视不太感兴趣，具有广泛的兴趣爱好，善于接受新事物、新技术，不相信广告，善于用财富来显示个人的格调、品位和特点等。

实现者：调查发现 12% 的美国人属于此种类型，此细分市场的人群以原则为导向，是比较成熟的、负责任的，并且接受过较好的教育，对名望不感兴趣，喜欢公共事务，此部分的人群中大部分人已经在 50 岁以上，注重家庭，具有较高的收入，在消费过程中的表现主要受其价值观念的左右。

成就者：调查发现 10% 的美国人属于此种类型，此细分市场的人群在政治上相对保守，以地位为导向，通常被昂贵的产品所吸引，也有比较广泛的阅读兴趣，平时更关注商务信息。

享乐者：调查发现 11% 的美国人属于此种类型，此细分市场的人群年轻而充满活力，花费大量的时间在锻炼和社交上，不会吝惜在服装、饮食和娱乐方面的消费，关注广告，购买行为比较冲动，与其他细分市场的人群相比，更具有冒险性。

信任者：调查发现 17% 的美国人属于此种类型，此细分市场是 VALS2 模型中最大的细分市场，该细分市场的人群受教育程度比较低，他们的信仰被传统的道德观念深深地束缚着，他们基本只购买美国制造的商品，偏好转移比较慢，比较依赖电视，喜欢寻求廉价商品。

奋斗者：调查发现 14% 的美国人属于此种类型，此细分市场的人群具有蓝领背景，并一直努力超越他人，他们拥有有限的灵活收入，主要消费在服装和个人保健品方面，与阅读相比，他们更喜欢看电视。

休闲者：调查发现 12% 的美国人属于此种类型，此细分市场的人群相对年轻，对物质财富或者世界事件不感兴趣，在价值观方面容易满足，对于他们而言，逛商店是为了体现舒适、耐性和价值观，仅购买其所需商品，不为奢侈品所动，喜欢听收音机，阅读汽车、垂钓、家用机械等方面的杂志。

挣扎者：调查发现 16% 的美国人属于此种类型，此细分市场的人群在所有细分市场的人群中是收入最低、资源最少的，他们为生存而战，没有任何的自我导向，他们经常看电视，相信广告，具有较高的品牌忠诚度，希望购买有折扣商品。

（二）传统时代消费者购买行为模式

市场营销学家将消费者的购买动机和购买行为概括为 6W+6O，形成了消费者购买行为研究的基本框架（表 3-2-3）。

表 3-2-3 消费者购买行为研究的基本框架 6W+6O

6W	6O
市场需要什么（What）	有关产品是什么（Objects）
为何购买（Why）	购买目的是什么（Objectives）
购买者是谁（Who）	购买组织是什么（Organizations）
如何购买（How）	购买组织的作业行为是什么（Operations）
何时购买（When）	购买时机是什么（Occasions）
何处购买（Where）	购买场合是什么（Outlets）

消费者购买行为是指消费者为了满足自身需要而发生的购买和使用商品的行为活动。有学者在深入研究的基础上揭示了消费者购买行为中的一些共性，并以模式的方式加以总结描述，比较著名的是恩格尔-科拉特-布莱克威尔模式（EKB 模式）和霍华德-谢思模式。

1. 恩格尔-科拉特-布莱克威尔模式

所谓的 EKB 模式指的是，购买者在进行购买的过程当中所经历的心路历程，从购买到结束，消费者心理起到了很大的作用。在这一模式下，消费者进行购买的行为大致可以这样描述：消费者在受到某种刺激后，其对于某种商品的形象有了一定的初步认识，在消费者的记忆、视觉等影响因素的引导下，消费者对商品有了进一步的认识；在个人需求、欲望的驱使下，消费者对于商品的问题有了更进一步的了解，能够选择符合自身喜好的商品；在这种欲望、喜好的驱使下，消费者开始步入购买的流程当中；经过商品评价、客服反馈等环节的层层筛选，消费者在商品选择方面终于做出决定，进而购买完成；消费者对于这次购买的结果进行思考，通过这次的购物满意程度来考虑下次购物情况。

2. 霍华德 – 谢思模式

霍华德以及谢思表示，能够影响消费者进行购买的因素大致有以下几点：刺激因素、感觉过程、学习过程、输出变量以及外因变量。这些因素连接在一起，通过种种表现最终形成的结果是，消费者受到外界原因的影响，开始对某种商品进行关注，通过感觉来对商品进行筛选、评价，并在此期间做出选择。在此期间，消费者通过对于商品的进一步认知，来坚定购买商品的意图，进而完成商品的购买。在购买后，消费者对于商品的进一步评价则影响着消费者对于品牌的宣传程度。

该模式当中所提到的刺激大致分为以下几点：刺激、象征性刺激以及社会性刺激。其中，刺激是指商品本身形态、商标等外形方面产生的刺激；象征性刺激是指通过各种宣传渠道的刺激，如推销人员、广告媒体以及商品名册等宣传手段；社会性刺激是指人与人之间产生的刺激因素，而消费者恰恰是根据这些刺激进行反应的。

该模式当中所提到的感觉过程以及学习过程指的是消费者的心理活动过程，通过心理活动做出一定的改变，最终完成信息的处理以及概念的形成。

至于该模式当中的外因变量不会直接影响到消费者的购买意愿，但是会在一定程度上对消费者的购买行为产生一定的影响。这些外因变量包括消费者的购买需求性、消费者的经济状况、消费者的社会层次以及消费者的文化水平等。

同 EKB 模式相比，这两种模式有着异曲同工之处，当然也有着不同之处。两种模式的侧重点不同，EKB 模式主要强调消费者的心理历程，具体指消费者有购买意向的过程，着重强调信息收集以及评价的作用；霍华德 – 谢思模式则更注重消费者早期的购买意图，对于消费者的学习过程、感觉过程的注重更多一点。

尽管两种模式都很复杂，相对的影响因素也比较多，不过，对于企业来讲，最重要的还是要根据消费者的意图来进行商品的推荐以及销售，只有深度掌握消费者的购买意愿才能为企业的发展做出正确的判断，进而使企业能够更好发展。

（三）网络时代消费者消费行为模式

互联网时代的到来，使消费者的行为模式发生了重大的转变，尤其是在我们这个互联网爆发性发展的时代。受到互联网飞速发展的影响，许多传播媒介都逐渐被互联网所取代。

如果第一代互联网的诞生只是如同报纸一样，作为信息的传播媒介，那么搜索引擎的诞生便是具有划时代意义的。网络搜索引擎的出现使信息的传播变得更加精准、高效。

此后，Web 2.0时代为广大消费者带来了新的传播理念：以消费者为重要传播途径，使其通过网络来主动获取所需要查询的信息，与此同时，还能够将信息与他人共享。此时，消费者不仅作为信息的使用者，同时还间接地变成了信息的传播者。随之而来的，就是众多社交网络工具的诞生，将消费者的目光再度吸引，此时的消费品市场已经发生了更大的变化。

依据这一形式，电通公司提出了新的概念，即消费者发布型媒体CGM，通过众多形式的个人媒体，将除个人信息之外的公众信息进行共享，在新闻或是广告等媒介当中进行讨论，在达到宣传效果的同时，消费者也能够从中找到价值。另外，网络信息的发布模式也有了变化，从以往的商家对消费者进行产品宣传到消费者与消费者之间进行自主宣传，可以称得上是发生了巨大的变化。

在网络不断发展的情况下，消费者的生活状况也产生了巨大的变化，电通公司指出了AISAS消费者行为分析模型，在该模型的指引下，企业的营销方式也正在从传统的AIDMA法则向具有网络特质的AISAS模式发展。

在AISAS模型当中，A代表的是在营销过程中，首先应当引起消费者的注意，通常用attention表示；I在模型中代表着营销内容应该足够吸引消费者，能够引起消费者的注意，通常用interest表示；S在模型中表示为，当商品能够引起消费者关注时，要使消费者对此进行搜索，通常用search表示；A在模型中表示为，在消费者进行搜索行为后，要能够引导消费者对商品进行购买，通常用action表示；S在模型中表示为，在消费者购买商品后能够对商品进行自主宣传，并且与其他消费者交流经验，通常用share表示。

其中具有网络特质的就是search与share，因为搜索与共享的行为是由消费者自主进行的，同以往的消费者在商家的引导下进行宣传不同，所以，这两个名词正好体现了互联网时代消费者的改变。

全新的消费者行为模式决定了消费者新的接触点，依据电通公司的接触点管理思路，媒体将不再限于固定的形式，不同的媒体类型对于媒体形式、投放时间、投放方法的考量，首先考虑的是消费者与商品或者品牌的可行接触点的识别，在所有的接触点上与消费者进行信息沟通。在进行交流的过程当中，消费者作为一个独立的原点，而对于商品特征进行解释的消费者网站同消费者进行信息沟通与交流。其中，网站所提供的不仅包含了商品的资料，同时还包含了对于消费者购买商品的推荐策略，通过一步一步地引导，使消费者达成购买意向。国外消费者网站在详细研究了消费者的访问数据后，还能够根据这些数据对消费者的行为进行分析，从而制订出更符合消费者观念的营销计划。

三、组织市场

组织市场是由各种组织机构形成的对企业产品和劳务需求的总和。它具有如下特点。

（一）组织市场的规模和复杂性

在通常情况下，组织市场的顾客数量相较消费品市场要少得多，不过其选购的规模通常较大。并且，组织市场在交易活动规模、生产数量以及交易时间方面都较为复杂，这一点是消费品市场所无法比拟的。另外，组织市场能够自成一派，不受消费品市场的影响，这一点是尤为特别的。

许多组织对于消费者提供服务，不过却并不收取费用，这样的组织包括慈善机构、教堂等，还有些特殊的组织是看不到消费者这一角色的，如在军队中就不存在消费者这一角色。

（二）组织市场需求的特性

组织市场通过各种方式的增值来为消费者提供商品，所以也可以认为，组织市场最终所追求的是对于消费品市场的消费需求。而组织市场的需求也是因为消费品市场的消费需求而产生的。

举个简单的例子，若是在消费品市场当中，对于书籍的需求量降低，那么随之而来的就是出版社的工作需求减少，受到该情况的影响，出版社势必会降低书籍的产出率。反之，若是出版社的书籍产出率下降，而消费品市场这时又迫切需要书籍的供应，那么情况则恰恰相反。由此可见，组织市场与消费品市场是相辅相成的，若要考虑组织市场势必要提前了解消费品市场的情况。

（三）组织市场购买的特性

因为组织市场的购买者数量较少，并且其具有购买规模较大的特点，使组织购买影响的人群更多。通常，许多组织或是机构有着专门的采购部门，进行合作采购，这些部门人员又通常由技术人员、管理人员以及一些采购相关人员所构成，在进行购买决策的时候由众多人员共同决定。

而组织者通常直接联系生产厂商，由双方直接对接，进行商品的购买。特别是一些价格高昂的项目或是较为烦琐的项目。与此同时，因为组织市场在购买的过程当中有着一定的实力能够使卖家做出一定的让步，在这种情况下，甚至还有可能出现反向购买的情况。

相对于供应商来讲，同大客户建立长期的合作关系是十分必要的，通常在进行合作的时候会有专门的人员来进行接洽，从而保证交易的顺利进行。双方合作人员都应受到一定的业务培训，有着较高的业务水平。合作人员多由具备经验的资深人士作为代表，同专业的采购人员进行协商。

四、跨境组织买家类型及采购模式

目前，跨境组织买家类型主要有百货公司，大型连锁超市、大卖场，品牌进口商，工业品买家，进口批发商，贸易商等。

（一）百货公司

在美国，比较大的百货公司有梅西百货等，他们在世界各生产市场都设有自己的采购公司，不同品种的商品由不同采购部门负责。他们通过大型贸易商选择自己的供货商，组成了一个采购系统，一般的工厂很难进入。

百货公司采购量大，价格要求稳定，每年购买变化不会太大，对质量要求比较高，基本不会改变供货商。这些百货公司都会参加美国、欧洲本土的专业展会，一般不会亲自来中国参加展会。

（二）大型连锁超市、大卖场

在美国，比较大的连锁超市比较多，如沃尔玛等，每年的采购量非常大，在生产市场设有自己的采购公司，有自己的采购系统。

大型连锁超市、大卖场购买的基本是目前已经开发出来的商品，若品质和价格合适，下单速度会比较快，但这类买家对价格比较敏感，在采购中，他们会将价格压得很低，商品品种变化要求也很大，但是一旦采购，采购量会比较大。

若企业的开发能力强，资金雄厚，有能力降低产品价格，则可以考虑此类客户。小工厂受到资金、价格等方面的制约，一般很难满足大型超市的采购要求。

（三）品牌进口商

品牌进口商一般是品牌专营店，他们会找规模大、质量高的工厂直接以定点生产（OEM）的方式下单，如耐克等。品牌进口商有自己的质量标准，一旦采购，则订单比较稳定，他们在确定采购数量及付款条件时会参考自身在国内的销售规模。

自有品牌很重视供应商的经营理念，喜欢与工厂建立长久的合作关系，并且希望供应商能够配合进行产品的研发与改进，协同发展。若供应商能够配合，双方将长期合作下去，那么利润以及将来的发展空间很可观。

（四）工业品买家

工业品买家主要生产高科技、高效能的品牌产品，目前，世界上越来越多的品牌进口商的买手来到中国参加展会，寻找供应商。此类买家对供应商的要求很严格，他们采购的商品一般都是定制的，需要模具生产。若供应商能够不断改进自己企业的管理，满足工业品买家的要求，将会促使自己的公司走向国际化、专业化。在与工业品买家合作之前，供应商可以通过网站了解对方的实力规模、产品定位、风格倾向等。中小型工厂可以将此类买家作为合作目标，在合作过程中需要注意的是，即使是小品牌，也有可能培养出大客户。

（五）进口批发商

进口批发商一般采购特定的商品，很多在美华人在美国做批发生意，他们主要的采购方式是自己到中国参加展会采购。价格和产品的特性是此类买家的关注点。在采购过程中，他们会注重比较价格。进口批发商在其国内一般有自己的发货仓库，通过展览销售商品。

在面对这类买家的时候，企业一定要注重自己的价格和产品的差异性，若产品相同，这类买家一般会倾向于选择价格更低的企业。

（六）贸易商

贸易商采购的商品品种比较多，因为他们拥有不同类型的客户，但是他们的订单不太稳定，订单的延续性也不太稳定。一般而言，服务灵活的小规模供应商比较容易和这类买家达成一致。

在对国际买家的类型和采购标准进行了解之后，我们就能够知道买家下单和不下单的原因。不同的买家关注点不一样，有的关注价格，有的关注设计，有的关注经营理念。在与不同类型的买家打交道之前，企业应尽可能去了解他们的关注点，只有这样才能够为他们量身定做供货方案，从而提高成交率。

五、跨境买家采购行为分析

（一）跨境买家采购渠道

跨境买家采购的渠道主要有三种：展会、网络、杂志（表 3-2-4）。

表 3-2-4　不同类型的跨境买家采购渠道的优势与劣势比较

比较＼类型	展会	网络	杂志
优势	直接面对面交流，采购信息传递迅速，采购过程快、可靠	信息量大且全面，不受时间、区域限制，沟通迅速，采购周期短，可供选择的供应商较多，节约成本、时间、人力，提高了采购效率	专业杂志信息质量高，不受时间、空间的限制，采购成本低，供应商信息可靠性大
劣势	采购成本高，展会时间短，采购人员辛苦，有时展会的供应商有限难以寻求到符合要求的供应商	信息的真实性有待检验，信息量大，难以在众多信息中搜索到符合自己需求的供应商	查询、沟通时间较长，难以比较供应商

展会是企业常用的开拓海外市场的方式，但是随着世界范围内各种展会的增加以及网络的发展，电子商务采购模式不断发展，展会的效果相比之前有一定程度的削弱。

伴随网络的不断发展，网络采购目前已经成为企业开发新客户的主要途径。

曾经杂志广告也是比较重要的一种开发新客户的途径，但在电子商务的冲击下，杂志的作用越来越小。

开发客户的方式除了上面的三种之外，还有客户介绍、邮件开发、海关数据分析等，这些方法的实施需要企业有一定的专业技能，能够对相关数据进行分析、归纳、总结，并有针对性地做出部署。

（二）跨境买家背景分析

在与跨境买家沟通的过程中，要根据沟通情况分析跨境买家的心理，把握住其心理之后才能够做出有效回应。

面对面的沟通能够根据对方的肢体语言等读到其对合作的态度，较易把握买家的心理，在邮件沟通中通过对跨境买家邮件的分析，能够判断出跨境买家的一些心理状况，当收到一封邮件时，可以通过询盘内容判断客户有无实单、订单大小以及需求缓急等。

具体举例如下。

询盘1：

Dear Sir,

Our company ××× is a wholesale for ××× in Italy. We are interested in your ×××，so please send us a catalogue and a price list for them.

在该询盘中，买家反馈自己是一家批发商，要求给予其产品目录和价格。从中我们能够看出来，买家对于企业的产品不熟悉，希望拿到产品目录和价格，从中看看有无合适的产品。对于这样的买家，企业一般不要给产品目录，因为可能是同行在套取价格，在回复的时候，可以礼貌地告知买家自己主要是做什么产品的，简单介绍一下企业实力。

询盘2：

Dear Sir,

We are looking for belts，please give us the list of your products with the beat price.

在该询盘中，买家提到了具体的产品，并且要求给到最好的价格，对一些细节参数没有提及。这种情况说明：第一，买家自己可能不够专业；第二，买家要看供应商的相关详情后再做进一步的沟通。对于这样的买家，在回复的时候，企业可以推荐1～2款产品，千万不要在不了解买家的具体需求时就报价，这样会让自己很被动，报价的时候一般报出价格区间供其参考。

询盘3：

Dear Sir,

I need watches from No.8～9 to No.32～43，please send me pictures and tell me weight and send me quote，and delivery time.

在该询盘中，买家提到了一些要求，但是其最关注的是交货期。对于这样的买家，回复的原则就是快、准。快就是回复要快，准就是买家关注点和要求要回复准确。

询盘 4：

Dear Sir/Madam，

This is Laurence,I need 10 000 post cards.I am from Italy， current price I can get in my local place is ××× for 8 000 pieces，if you can give me less than this price， please mail me.

从该询盘中，能够发现该买家可能没有太多的采购经验，关注的重点是价格，对质量没有要求。在还盘的时候，在核算自己的成本等各种费用的基础上，企业要看能否达到低于买家提出的价格的要求，用价格来吸引买家。同时，对于采购经验不足的买手，他们有可能想跳过中间商自己去做采购，这时企业就要做好买家的采购顾问，让买家有一种被尊重和被重视的感觉，在沟通的过程中，企业可多向对方介绍自己产品的关键技术等，让对方觉得专业。

第三节　跨境市场数据分析

一、市场数据分析

（一）数据分析的定义及重要性

所谓的数据分析是对于资料进行整理规划，并且从中寻找有用的信息进行深度开发，在深度开发资料数据的同时，还要对数据信息加以研究，最后根据信息的解读最终形成结论。数据分析通过科学解读，通过各种硬性指标对于数据进行规划，通过实际的调查，为最终的决定提供一定的依据。举个简单的例子，全球速卖通平台有数以万计的卖家，而卖家后台有着庞大的数据，这时若能够将这些数据分别规划，并且将数据进行深入分析，运用图形、绘画、表格等方式将数据表达出来，通过一系列的流程，最终可以为店铺的经营做出合理的规划。

其中，全球速卖通的数据分析大体可以分成两部分：行业分析和店铺的商品分析。其中，行业分析是指通过调查、分析得出结论，选择优质的行业，开发优质的商品；店铺的商品分析是要根据庞大的数据进行理论分析，针对店铺的实际情况，制订符合店铺发展的计划，最终使商品更受欢迎，为店铺的成长做出贡献。

（二）数据分析的指标

由于跨境电商的数据量极为庞大，若是卖家无法对各项数据有明确的解读，那么数据再多，也不过是一堆没有意义的符号，起不到任何作用。所以，卖家在进行数据分析的时候，应当理清思路，明白每一个数据所代表的含义，这样才能进行有关数据分析，从而为店铺的发展做出贡献。

1. 与流量有关的指标

①浏览量。这是店铺详情页能够被客户浏览的次数。这里需要明确的是，浏览量同时包括单一客户多次访问一个页面。由此可见，浏览量越大就越能表现出店铺的热门程度。

②浏览量占比。这里的浏览量占比指的是某一来源的访问次数占据总浏览次数的比例。其中，某一来源的浏览量占比越大，这个来源的访问量也就越大。

③搜索曝光量。这指的是在当天，能够被客户搜索的商品的曝光次数。

④商品页浏览量。这里指的是在当天，所有的商品详情页被访问的总次数，这里包括了移动端、PC 端的所有访问量的总和。

⑤商品页的访客数量。在这里简称为访客数，其中，访客数越大，就代表着店铺的热度越高，是一天内所有的非重复性的客户在一定时间内的访问次数。需要注意的是，同一客户在短时间内多次点击被视为一次。至于访客总量，则是指所有的 PC 端与移动端访客数的总和。

⑥新访客数量的占比。这里指的是新访客访问次数在总访客访问次数中的比例。

⑦老买家商品访客数。这里指的是在当天，老买家对于商品的访问次数，需要注意的是，这其中不包含同一时间范围内多次访问的次数。其访客数的总和即老买家在 PC 端与移动端访问数量的总和。老买家是曾经有过购买记录的买家。

⑧平均访问深度。所谓的访问深度指的是，客户在访问店铺的时候浏览店铺内的页面的次数，而平均访问深度则是所有客户访问页面的次数的平均值。若是跨越时间进行查看，那么则是某时间周期内的数据平均值。

⑨平均访问时间。这里的访问时间指的是在客户进行访问的时候，其在店铺页面逗留的时间总长。而平均访问时间就是指在某一时间范围内，所有客户访问页面的时间总长的平均值。客户在店铺停留的时长表示该店铺对于该客户的吸引程度。

⑩跳失率。这里指的是在某客户访问了店铺的页面后立即跳转的概率，其

中，跳失率越高则代表着页面对于访客的吸引程度越低，那么店铺就更需要加以改进。

2. 与成交有关的指标

①浏览—下单转化率：统计时间段内下单去重买家数占店铺访客数的比例。

②下单订单数：统计时间段内下单订单数。

③下单买家数：统计时间段内下单去重买家数，按天去重。

④老买家浏览—下单转化率：统计时间段内老买家下单去重买家数除以店铺访客数。老买家指之前在本店有过支付记录的买家。

⑤支付订单数：统计时间段内支付成功订单数，含之前下单，当天支付的订单。

⑥支付金额：统计时间段内支付成功订单金额，含之前下单，当天支付的订单。

⑦退款金额：统计时间段内确认退款的订单金额。

⑧风控订单数：统计时间段内因风险控制关闭的订单数。

⑨风控金额：统计时间段内因风险控制关闭的订单金额。

⑩客单价：成交金额除以成交客户数。客单价可以反映店铺每一个成交客户的价值，客单价越高，越有利于店铺业绩的提高。

3. 与访客行为有关的指标

①加入购物车的人数：在某一时间范围内，将商品添加到购物车当中的人数。需要注意的是，相同时间、相同个体被视为一次，不可重复计数。其中，总量为 PC 端与移动端的客户数量之和。

②加入收藏的人数：在某一时间范围内，将商品添加到收藏夹当中的人数。这里的多次重新收藏或是某一个人多次收藏皆被视为一次。同理，总量为 PC 端与移动端的数量总和。

4. 与搜索有关的指标

①成交指数。这里的成交指数代表着所选行业在某一时间范围内达成的交易总数，最终通过数据分析后得出的指标。需要注意的是，成交指数并不代表成交量，却代表了成交的比例，即成交指数越大，成交量越大。

②购买率排名。这里指的是所选择的行业在某一时间范围内，通过关键词的购买比率的排名。

③竞争指数。这里指的是供应与需求比例经过数据处理后的指数关系。其中，供需比即所选择的关键词被人们搜索的频率最高的商品，同时也代表着该

时间段当中每天搜索的热度。

④搜索指数。这里指的是在某一时间范围内，搜索某一关键词的次数，经过数据分析后得出来的指标。同理，搜索指数并不代表搜索次数，但是搜索指数越高，搜索的次数相对也越高。

⑤搜索热度。这里指的是在某一时间范围内，搜索某一关键词的人数通过数据分析后得出的结论。同理，搜索热度不代表搜索次数，但是搜索热度越大则搜索次数越高。

⑥是否是品牌商品。某些商品是禁售或是限售商品，这样的商品是需要得到相关人员、法律的授权才能够进行售卖的，若是没有相关授权就进行售卖，那么将会面临着不同程度的惩罚。

⑦点击比例。这里指的是通过搜索某一关键词进入商品详情当中的次数的比例。

⑧热搜国家。这里代表某一时间段内搜索比例最高的国家。

⑨搜索指数提升幅度。这里指的是在某一时间范围内搜索的次数与以往时间范围内搜索次数比例的提升幅度。

⑩曝光商品提升幅度。这里指的是在某一时间范围内平均曝光商品的次数与以往时间范围内商品曝光次数比例的提升幅度。

⑪ 曝光卖家提升幅度。这里指的是在某一时间范围内平均曝光卖家店铺的次数与以往时间范围内卖家店铺曝光次数比例的提升幅度。

（三）市场分析

1. 市场分析工具

跨境电商卖家在分析店铺的庞大数据的同时还要同时分析整个电商市场的数据，在相互分析、相互对比当中不断学习。其中，能够较好地统计国际市场数据的工具主要有：Google 趋势、Google News 等。

首先，我们分析 Google 趋势。众所周知，百度指数能够将国内海量的网民行为数据进行统计、整理以及分析，相对于国内的电商行业来讲是非常实用的。不过，若是对国外的用户数量进行统计，就无法做到全面调查。这时我们就需要用到国际化的统计工具。这就是我们之前提到的 Google 趋势。它是一种与百度指数相似的数据分享平台，通过对某一时间范围内的关键词的搜索数量进行统计，将数据信息记录并分析，最终以图表的形式为用户展现出来。举个简单的例子，在进行搜索的时候，我们输入"dress"这一词时，出现的图标是全球范围内从某一时段至今的搜索热度的变化趋势图表。若是继续向下方滑动，我们还可以看到该关键词的热搜地区以及其他相关内容。若是想要就某一地区的搜索热度进行分析，那么点击"国家/地区"这一选项，就会出现"时间"选项，这时再选定时间，就可以发现"dress"的搜索热度了。若是无法根据单一词来判断，那么不妨在"dress"这一词的后面加上"skirt"，这时就会出现两个词的搜索热度，可根据搜索的热度再进行选择。通过以上方式，我们能够清晰地看到不同的搜索热度。当然，我们若是将搜索位置定在美国，还可以继续向下方滑动，这时我们可以看到美国的不同州的搜索热度。可以看出，有些州对于"dress"一词的搜索热度很高，而有些州的搜索热度则较之低一些。这时，我们若将关键词切换到"skirt"一词，我们可以看到这一关键词在不同州之间的搜索热度有了变化。为了使用户更加方便地查看数据，谷歌公司对于关键词搜索进行了简化。在图表当中，我们可以看到"dress"与"skirt"分别的热搜情况。

　　其次，我们分析 Google News。Google News 作为数据监控的工具，不仅仅只有监控的作用，同时还能使人了解国外的众多信息以及当前的流行趋势。并且，Google News 还能够通过关键词的搜索数量，分析不同商品的搜索数量，进而得出结论，定义店铺商品的诸多情况。举个简单的例子，在 Google News 平台当中搜索"pencil skirt"，我们可以看到当搜索时间并未设定的时候，这一词的搜索数量高达 137 万左右。这时，我们若是改变关键词的搜索时间，只需要点击"搜索工具"，在"最近"的一栏当中选择时间范围即可，时间范围可以是一周内、一月内等。通过搜索得知，搜索一周内的结果为 5 000 余条，而搜索一月内的结果为 1 万余条。通过数据对比，我们可以发现，一周内的数据大约为一月内的数据的一半左右，这一从另一方面证明了这一关键词的搜索频率较高，热度较高。由此，我们可以判断出，"pencil skirt"这一词在国外较为热门。

　　2.目标市场分析

　　在跨境电商的经营当中，商品的选择至关重要，这不仅关系到店铺的流量以及店铺同其他同行的竞争，还关系到店铺赖以生存的利润与发展。所以，选择商品一定要进行深思熟虑，谨慎行事。其实，在选择商品的时候是有迹可循的。我们可以通过对某一行业的市场数据进行分析，着重研究某一商品。与之相对应的，还有一种方式是看同行的选择，选择其他卖家销售最火的商品，从供应商那里寻找并订购同样的商品。与此同时，卖家还应当考虑到多方面的影响因素，如节假日、天气情况、兴趣爱好以及消费习惯等方面，通过诸多了解后再进行商品的选择。

①节假日。通常，在节假日来临之前，大家都会大规模购买商品，这时就要考虑到商品是否符合节假日的标准。举个简单的例子，西方国家在圣诞节以前，通常都会采购大量的面具、服装以及礼品等，这时有些商家就可以通过提前同供应商打好招呼，进购大批商品，以供节日需求。为了抢占市场先机，许多商家都会提前半个月甚至是一个月来进行选购。

②季节性。通常在换季的时候会产生较大的商品销售量。举个简单的例子，在冬季来临前，卖家进购大量的防寒商品，是为了应对冬季的严寒，这时的保暖产品销售量较大。等到夏天的时候，清凉避暑的套装就被人们所需要，这时卖家进购风扇、冰垫等商品就会热卖。就英国来讲，其冬季室内有暖气，所以居民普遍在家身着短袖T恤或是衬衫。而到了夏天，英国雨季一到，降水量较大，这时卖家可以进购防雨的设施，定能大卖。

③生活习惯。卖家可以对锁定的目标市场的人群生活习惯进行研究，通过统计，找出最受大众欢迎的商品。举个简单的例子，若是有半数以上的人喜欢户外产品，那么登山设备就一定会因此而大卖，这些都是需要卖家进行周密筹划的。

另外，由于地区不同，人们对于商品的接纳程度也就不同。相对而言，美国人较为开放，一些新兴的事物能够受到他们的喜爱。而英国人则较为保守，这时选择一些经典的商品就能够有较大的销售量。

3. 市场分析方法

①评价数据分析法。这里所说的评价数据包含了好评数据以及差评数据两种。其中，针对差评数据进行分析是指，从用户给出的差评当中吸取经验，改良商品的不足之处。尽管称之为差评数据分析法，同时也要兼顾好评数据，这样才能从商品当中找到用户喜欢的地方同时改良商品的不足之处。由此可见，评价数据分析法的实质就是在商品的评价当中寻找商品的优势以及不足之处，针对不足之处加以完善。选择用户好评率高的商品进行批量进购，自然会使店铺的销量大幅度上升。

②商品组合分析法。这里商品组合并非是随意组合，而是按照一定的比例进行组合。比如，加入少部分的核心商品以及一定量的热卖商品，以此来刺激消费者进行消费，以达到店铺盈利的目的。与此同时加入70%左右的基本商品，

主要是用来配合销售。这也说明了商品选择性组合是为了兼顾到众多客户，不能将所有的商品都同等看待。仔细分析一下，不同价格的商品对于不同的客户来说吸引力大不相同。我们应当着重分析，对于核心商品我们应当选择小众的、价值高的商品，这样能将利润扩大化。而对于基础商品则选择性价比较高的，这样的组合才能够将商品的利润最大化。与此同时，对于商品的选择不论是热卖商品也好，基本商品也罢，在进行选择的时候都要兼顾到商品的基本利润，也就是毛利。为此，我们特意列出毛利的公式以供参考：单品毛利＝销售单价－采购单价－单品运费－平台费用－引流成本－运营成本。

4. 行业动态分析

所谓的行业动态分析指的是，从专业的角度来深度分析品类的特点。实际上，无论哪一种品类，其根本都是建立在商品面向海外市场的大时代背景下的。只有详细了解海外出口贸易当中的商品的类型以及所处市场的情况，这样对于商品的运作才能够有的放矢。现今能够深入了解出口贸易的情况大致有以下几种方式。

第一，通过第三方研究机构或是研究平台来对指定地区或市场进行调查。这类第三方研究机构通常都有着先进的技术以及丰富的资源，能够对商品进行深入研究，并且针对具体情况做出研究报告，能够为我们带来完善的行业信息服务。

第二，通过行业展会。行业展会指的是行业当中的供应商向大众展示新的产品、技术，或是以对外交流为目的开展宣传活动。企业参加这类展会通常能够优先得知行业内部的动态，做到实时掌握行业动态、切实把握行业商机。为了方便查询展会的信息，企业可以通过专门网站进行信息查询。

第三，通过出口贸易公司或是一些工厂。商品开发可以使企业接触到一些供应商，而相对来说，资质较老的供应商通常都掌握着丰富的市场信息资源，这时可以通过供应商来实时了解市场信息。不过，与供应商进行合作的前提是，企业必须要有一定的行业知识，并且能够与供应商建立良好的关系。

5. 行业对比

店铺的运营人员首先要通过行业情报对店铺所在的行业进行分析。运营人员从行业概况、蓝海行业及搜索词分析三个方面出发，查看行业对比数据、行业趋势、蓝海行业国家分布，进一步寻找蓝海行业，结合搜索词分析并优化商品标题、商品属性，进行蓝海商品开发。

行业对比指和相关的行业进行数据趋势对比，可以分别从访客数占比、成交额占比、在售商品数占比、浏览量占比、成交订单数占比和供需指数等方面进行对比分析。通过分析结果，我们可以看出，随着市场的变化，平台发展也在变化，可以增加对某个行业的投入或避开一些竞争过于激烈的红海市场。

第一，行业访客占比与上一级行业对比分析。店铺运营人员对店内主要销售商品进行分析。例如，选择行业为服装、服饰、配饰类的女装中的连衣裙。从数据波动可以看出，随着季节的变化，访客数一直在变动，所以店铺应该根据季节变化来调整店铺内的商品，迎合访客的购买需求。而在一周内的数据中，访客数往往在周六、周日两天最低，因此店铺在周末可以做一些促销活动进行引流。

第二，同级行业对比分析。通过同级行业对比分析，店铺可以获得访客数、成交额、客单价、供需指数这些指标，从而了解当前竞争小的行业。店铺可以选择供需指数小、竞争小的行业，以此作为突破口进行选品，并对店铺内的商品进行调整。例如，某服装店铺选择了三个同级行业进行对比分析，服装/服饰配件中的女装、珠宝饰品及配件中的流行饰品、箱包中的手提/单肩/斜挎包三个行业最近30天的访客数占比数据、最近30天的成交额占比数据、最近30天的供需指数。

第三，行业细分类分析。在同级行业对比分析后，店铺可以对商品行业下的细分类进行分析，选择店铺内主要的商品类目，通过访客数占比、支付金额占比、供需指数占比三个维度，进行行业趋势分析。

二、店铺数据分析

（一）定价分析

1.定价的要素

商品定价当中的学问很多，并不是以高出成本价的方式卖出商品就可以的。举个简单的例子，如果卖家卖出的商品价格特别高，尽管能够赚取高额的收益，但是相对应的，买家就会因为其价格过高的原因而逐渐减少；同理，若是售价降低，尽管会有许多买家来购买，但是所赚取的利润却不够。所以，如何平衡售价与买家数量之间的关系就是商品定价的重点所在。通常卖家在进行商品定价的时候，会从多个角度来考虑，其中最需要考虑的因素有以下几点（图3-3-1）。

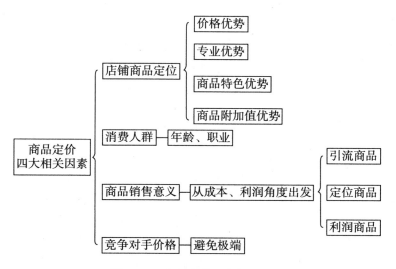

图 3-3-1　商品定价四大相关因素

首先，店铺对于商品的定位。若想对店铺中的商品进行定价，那么店铺首先要对商品优势有明确的定位。从商品的基本特点以及优势出发进行分析，明确商品能够受人欢迎的原因，这样才能更好地进行商品的销售。对于商品的定位大致可以分为四个方面，分别是价格优势、专业优势、商品特色优势以及商品附加值优势。店铺可以对商品的价格进行调整，这也是最直接的方式。不过，在通过价格的降低来制造优势的同时还要注意降低售价能否持续保证销量。与之不同的是有些商家在进行商品的销售时，着重突出的是商品的专业优势，并以此来吸引客户。另外还有一些商家，通过商品的特色来吸引客户，具备特色的商品的售价甚至会高出不具备特色的商品的售价很多。最后一类就是具备附加值的商品，这样的商品通常由常年经营的老店进行销售，这类店铺依靠老字号的招牌来进行商品的销售。

其次，消费人群。成熟的店铺通常会有着一批"回头客"，即固定消费群体。这样的群体对于店铺商品的定价较为敏感，价格过高或是过低都会使这部分人群减少购买兴趣。所以，在进行商品的销售时，店铺要对这类人群进行详细调查，通过调查这部分人群的收入情况、个人喜好等来对他们进行定位。在对这类群体定位以后，店铺可通过数据分析制定合理的价格。这样的方式无论是在国内还是在国外都非常适用。

再次，商品的销售意义。在店铺的管理以及运营方面都要做到灵活多变，所以，店铺在对商品进行定价的时候要做到顾全大局，在不损失店铺利益的情况下，明确商品的销售目的。商品的销售意义就是指这件商品所代表的意义，具体分为以下三种类型：引流商品、定位商品以及利润商品。所谓的引流商品就是指能够为店铺带来流量的商品，为了带动流量，这类商品多以低价的形式出售，这部分商品只占一小部分；定位商品则是将店铺的位置定义出来，将店铺的基本定价稳定下来，不至于令店铺的客户流失，与之相对应的，这类商品的定价通常较高，占总商品的 20% 左右；利润商品字面意思就是能够赚取一定收益的、最具性价比的商品，大约占商品总量的 70%。

最后，竞争对手的价格。不论是国内还是国外的消费者，都会有一种比货的心理，对比价格、质量后选择性价比最高的商品，这是人之常情。正因如此，店铺在进行商品的定价时就要参考其他店铺的定价，给出合理的价格。千万不要认为将商品的价格压得越低其销售量就会越高，更重要的一点是，店铺要根据商品的不同买家以及其他商品的价格来进行定价，并不是所有的同行都是竞争对手，这一点需要注意。最后在定价的时候，通过详细分析，给出合理的价格，才能让店铺的销售量更高。

2. 定价的策略

卖家在明确自身商品的定位以后还需要进行更多的数据分析，通过分析买家的性格、生活习惯以及个人喜好等方面来进行定价，这样才能做到合乎买家的心意，使商品的销售额最大化。

首先，利用数据进行详细分析来进行定价。沃尔玛公司的创始人也是零售行业的巨头山姆·沃尔顿曾经提出过一个颇为有趣的理论：若是将 80 美分的商品以 1 美元的价格出售，其销售量是以 1.2 美元价格出售的 3 倍，尽管单体的利润减少了，但是总体的利润却上升了。这就是商品销售的秘诀之一。从他的这一理论中我们可以看出，商品的定价的微小差别就能够影响整个商品的销售效果，这样的影响有一部分还取决于同类商品的竞争。同理可知，若想要对商品的价格进行精确定位，那么事先一定要收集同类商品的信息资料并加以分析。在全球速卖通的初始阶段，其还没有能够进行数据分析的工具，但是卖家完全可依据全球速卖通页面的数据来自主分析，并完成商品的定价。下面举个简单的例子，就"dress"这一商品进行分析。通过关键词的查询，我们可以得知该商品的价格区间，而通过商品的价格区间的搜索数量我们还可以看出该区间买家人数的比例。

其次，通过心理学理论来进行定价。商品的价格定位始终离不开对买家心理的揣摩，只有实时掌握买家心理，才能够让买家心甘情愿地付款，这就需要卖家根据实际情况来进行商品的定价。

①买家预期的价格。买家在进行购物的时候，对于其所青睐的商品，在心中都有一个预估价格，若是卖家给出的价格高于其心中的预期价格，那么买家会觉得价格太高而放弃购买，若是商品的价格过低，那么买家也会怀疑商品的质量问题而放弃购买。举个简单的例子，某人打算买一件衣服，当他看中这件衣服的时候，心中给出的价格是 20 美元。所以，凡是标价为 10 美元以下的衣服他都不感兴趣了，当然，高于 30 美元的衣服他也不会选择。这就说明了，买家在进行购物的时候，通常会购买那些商品的价格与其预期价格相差不大的商品。抓住这一特点，卖家就能够有的放矢，根据买家在店铺的消费记录，发现买家的消费水平，定价就在这一区间，而这也就是买家的心理价位。

②数字对于买家的影响。通过全球速卖通的数据我们可以发现，在商品价格当中标价有"9"的次数非常之多。通常国内买家会喜欢"8""6"等代表着"吉利""财富"的数字，不过站在世界角度来看，更多国家的人喜欢"9"这个数字。这就是卖家定价的技巧之一。当然，并非所有国家都偏向于"9"这个数字，也有一些国家偏向"4""7"等数字，这需要卖家依据不同国家的实际情况来定价。

③降低买家对于价格的敏感程度。买家对于价格的定位非常敏感，过高的价格势必会劝退一些买家，所以为了降低买家对于价格的敏感程度，卖家势必要做出一些改变。举个简单的例子，对于高级茶叶这种商品来说，标价每一千克 70 美元与每一百克 7 美元所给人的感觉是大不相同的，当然这样的方法也仅适用于一些单价较高的商品。

④降低零头的价格。我们在网上购物时常能够看到，许多商品能够标价 10 美元，却偏偏标价 9.99 美元，能够标价 20 美元却往往标价 19.99 美元。像是这样的标价，通常都是为了用零头的价格来刺激买家的购买欲望，而这样的标价往往会给买家一种感觉，就是"经过深思熟虑后的定价，极度精确"。这样会使买家有一种占了便宜的感觉，增强买家的购买欲望，尽管少花的钱只是很少的一部分，但是这样的价格依然能够让买家感觉到商品的实惠。

⑤减少买家的比较心理。许多买家根本不了解商品的基础价格，完全是依据同类商品的价格来定义某一商品的价格。为了减少这样的比较心理导致的销售量损失，卖家可将两种商品组合出售，这样买家就无法根据单一商品的定价来确定商品的价格，自然也就没有了价格的比较心理，而两件商品的组合出售却能让买家从心理上感觉到实惠。

（二）标题分析

1. 标题的意义

全球速卖通的搜索流量有两个特点：免费与精准度高。通过对比与分析可以发现，不论是国内或是国外的买家，在进行网购的时候通常都有着一定的目的性，在进行网购的时候都有自己喜好的商品。据不完全统计，约有八成以上的买家在进行购物的时候会自主搜索自己想要浏览的商品的关键词。通常这样的买家的目的性较强，交易也较容易达成，唯一需要解决的问题就是如何进行商品的快速搜索，这就需要全球速卖通平台在商品的搜索方面着重进行优化（SEO）。

从广义的角度来讲，SEO 指的是，在了解网站的搜索排名机制后对于网站的内部以及外部进行重新调整和优化，通过改进网络搜索关键词的排名以及曝光率来使更多的店铺进驻到平台当中，在吸引顾客进行购物产生盈利的同时扩大宣传的力度。其中，SEO 优化重点是针对商品的标题进行优化，其目的就是让更多的人能够通过搜索关键词的方式，更加快捷、更加方便地看到店铺当中的商品，从而为店铺的发展与盈利做出贡献。

在全球速卖通平台上，当买家输入关键词后，所呈现出来的商品与买家输入时的关键词息息相关。举个简单的例子，当买家输入的关键词是"pants women"的时候，会出现许多商品，而这时所展现出来的商品就都是女士裤子，种类非常多：休闲裤、牛仔裤、运动裤等。并且，这些商品的标题都有"pants women"。这时如果我们还要详细搜索牛仔裤的话，只需要在原有的基础上输入"jeans"即可，这时商品的范围就缩小到了女士牛仔裤当中。

由此可见，卖家所提供的关键词直接关系到商品能够被搜索到的范围，以及相同商品的竞争数量。值得关注的是，如果卖家能够将这些关键词进行精简，并重新组合，使商品的标题包含众多买家会搜索的关键词，其竞争商品又较少，那么这样的商品就会有搜索优势，这样的商品也能够获得更多的流量。

2. 标题的选择

为商品设计标题至关重要，这关系到关键词的搜索，所以仅凭卖家的头脑是远远不够的，还需要借助其他网站的工具来进行搜索，通过调查发现出现频率较高的词，然后将这些词收集起来，逐一进行比对。

第一，搜索框。卖家可以在搜索框当中输入某一商品的核心关键词，这些商品的关键词都是能够通过其他平台搜索并转换的词，卖家可以在搜索关键词时查看搜索框右侧所对应的关键词的搜索数量。

第二，搜索词分析。卖家可以通过搜索词的网站进行词的收集整理，通过近一周或是近一个月的高热度词搜索来进行排序，并且可以通过点击"搜索人气"来进行顺序调整。

第三，通过热搜排行榜。卖家可以在 Google 趋势当中寻找热度相对较高的关键词。通过谷歌首页进入热门词的搜索榜单当中，在进行设置的时候将时间、地区等选项分别设置好，最后选择热门词的类别，之后就可以通过搜索查看所有的热门词了。这时，卖家可以将这些词记录下来，并进行资料收集和分析对比。卖家通过不同渠道收集的信息，需要及时归纳总结，并且将数据逐一进行分析。

第四，对于关键词的选择有以下几个基本要点：搜索热度、点击量、商品数以及转化率。通过筛选，能够同时符合以上四个基本要点的，就是优质的关键词。

3. 标题的优化

无论是淘宝还是全球速卖通都对搜索框中的商品标题字符数进行了限制，所以卖家要做的就是最大化地利用标题容量，做到不浪费容量、词语覆盖面广、关键词精准。只有正确利用筛选后的关键词组合标题，才能做到覆盖面广、用词精准。

①核心关键词。核心关键词是一件商品的最基础的名词。举个简单的例子，"pants women"中"pants"和"women"都属于关键词的一部分，可以称之为核心关键词。通过这一点我们可以认为，核心关键词就是能够检索到的、买家搜索频率最高的词。

②属性词。属性词指的是在描述某一商品的时候，该商品体现出的优势、特别之处。举个简单的例子，"jeans pants"代表着裤子的材质，所以"jeans"就是这条裤子的特点。另外，若是加入"men"或是"women"就说明这是男裤或是女裤，还可以加入一些小的修饰词语，如"fashion""hot"等，以此来烘托气氛，达到标题特殊化的效果，最终实现商品的大卖。

③营销词。所谓的营销词就是指能够大量吸引买家的词，为了能够大幅度增加商品的吸引力，很多卖家都会在商品的描述当中加入许多具有吸引力的词，如"打折""半价"等，这些商品并非必要的，如果商品的标题较短，并且还需要补充，那么可以选择这样的营销词加入其中。

④相关词。所谓的相关词就是指能够增加商品被搜索到的概率的词。比如，"female winter clothes"这一词，通常会有不确定其购买目的的买家，这时就只需要输入"clothes"一词直接搜索，这样就会出现许多种衣服的类型，这就是相关词。举个简单的例子，在全球速卖通平台的搜索栏当中输入"with thick cotton padded clothes female winter"这一词后，就会在页面上显示出其所要搜寻的商品列表。通过这些关键词搜索到的商品搜索量很高，并且较为普通，若是能够将其显示在商品页面的首页，就说明该商品有其一定的特别之处，可能无关标题、评分以及其他评价因素。

下面以女士棉衣为例进行举例说明。

核心关键词：棉衣。这说明了商品的类别。

属性词：秋冬、女性、舒适。这说明了商品的主要特点。

营销词。通常服装类的商品属性词较多，这时就不太需要营销词来补充说明，于是营销词就自然被忽略，这也导致了营销词的搜索量相对较少。

相关词：棉衣、外套。前面介绍过，相关词就是与商品的属性相关的词。通常买家在进行搜索的时候，输入这两个词也能够搜索到与目标商品近似的商品。尽管这两个词作为标题并非准确，但可以使用这样的两个词来加强与商品的联系。

（三）流量分析

1. 流量的来源

店铺的流量来源大致可以分为两种：一种是站内渠道，另一种是站外渠道。其中，有关站内流量又具体可以分为免费流量、付费流量以及买家自主访问流量。其中卖家最喜爱的就是免费流量，这类流量是买家主动搜索产生的流量，若是买家的目的性较强的话，就能够产生订单，所以这样的流量是卖家最喜欢的。至于付费流量就是卖家通过各种渠道进行宣传而产生的流量，因为这样的宣传需要高额的费用，所以这样的流量又被称为付费流量。举个简单的例子，卖家将商品的广告植入某一平台当中，每当有买家点击该广告的时候，卖家就会支付给平台一定的费用。而最后一种买家自主访问流量则是指买家通过收藏或是曾经的消费记录再次进入店铺页面，这样产生的流量就是买家自主访问流量。较为特殊的就是站外流量，这是指买家通过平台以外的链接进入店铺页面的流量，故而称之为站外流量。

2.流量的数据分析

店铺当中的流量相对于卖家来说意义是不同的。其中，买家自主访问流量越大，代表着店铺的品牌效应就越强，其顾客回头率就越高。在通常情况下，卖家都会鼓励买家对于商品和店铺进行收藏，这样一来，商品的流量转化率就会大幅度上升，这对于店铺的发展有着重要的影响。反之，若是店铺的买家自主访问流量下降，那么卖家就需要注意了，看是否出现了某种情况使买家购买欲望降低了。

通常免费流量是店铺所有流量当中，占据比例最高的流量。另外，店铺的免费流量大则说明店铺在平台当中的 SEO 做得较为不错，其店铺的信誉度以及口碑都不错。当然，若是店铺的站外流量偏高，那么就说明卖家在电商平台以外的宣传较为卖力，通常这类流量较为实惠，性价比较高。不过，虽然站外流量较为便宜，但是其吸引买家的手段通常是借助某些渠道跳转，所以这样的途径转化率通常不高。卖家需要着重注意的是，这样的站外流量不要占比太多，否则店铺当中的转化率过低会造成店铺的商品销售量过低，从而减少店铺的评分，这样也就间接导致了店铺的搜索率下降。

至于付费流量则是依靠卖家的额外支出来完成的，因为其转化率过小，并且额外费用较高，所以不提倡这部分流量的占比过大。

在一般情况下，在卖家发现店铺的流量下降的时候，就应当查看各种类型的流量数据报告，根据资料研究和分析数据的走向，根据数据的变化情况找出关键点，就关键问题进行优化。

以上思路其实较为简单，不过却能够帮助卖家解决店铺流量的大问题。运用该思路，不仅可以解决首要问题，同时还可以开辟其他思路，完成更多有益于店铺发展的事情。举个简单的例子，卖家在进行店铺流量的检查时发现，店铺的流量比以往有所下降，通过排查得知是店铺的免费流量部分出现了问题，针对这部分问题，店铺可以通过关键词修改、商品标题重组等方式来解决。另外，这部分问题还能够引申出其他一些相关的问题，如市场变化的原因包含了天气变化原因、季节更替等。找到了问题所在，那么解决问题的时候就能有根据。需要注意的是，在店铺的流量发生问题时，店铺要通过数据分析仔细排查，因为有可能不只是单一流量出现了问题，可能是多组流量出现了问题。举个简单的例子，店铺当中的免费流量以及买家自主访问流量都产生了一定的变化。根据以上数据可以知道，买家自主访问流量代表着老客户的二次购物，而免费流量则代表着新客户的浏览量。这时，卖家就要考虑一下，到底是店铺哪里出现了问题，使老客户以及新客户都对店铺不满意，这就需要仔细排查。

3. 流量的策略

首先，直通车的广告投放。直通车所得到的流量通常为付费流量，即使是直通车商品的价格较为高昂，但是其点击率或者是转化率不够，那么也就无法依靠排名来获取收益。若是卖家依旧通过"广撒网"的方式来进行商品的投放，那么对于商品的宣传效果只能是收效甚微。其实，这时完全可以换一种方式来解决问题。卖家可以利用全球速卖通当中的"行业情报数据"界面来选择自己所要查询的商品推广情况，同时，还可以通过搜索分析来研究不同区域的广告投放效果，针对不同情况进行不同方式的宣传。卖家还可以通过搜索词分析界面来选定时间、区域，并查询该时间、地区范围内的热门搜索词，以及相关的国家。通过 Google 趋势能够全面研究广告投放的区域，卖家可以根据自身的需求在 Google 趋势当中添加搜索词，以此来查看不同区域的搜索结果，依据搜索结果来判断直通车广告投放的区域，这时会事半功倍。

其次，关注新老客户的流量。店铺流量的构成大致可分为两大类，分别是新客户的流量以及老客户的流量。卖家需要时刻注意流量的变化，通常流量的一些微小的变化就会导致店铺产生某种问题。通过数据排查、分析流量的情况可以发现：若是新客户流量过多而老客户流量过低，就说明该店铺的商品销售情况通常是买家进行交易后便不会再度购买，这时就要分析店铺的问题到底出在哪里，是商品的问题还是售后服务的问题，这需要卖家仔细研究。同理，若是老客户流量过多而新客户流量过低，就说明该店铺的宣传力度不够，或是商品不够吸引新客户的注意力，这同样需要卖家进行详细分析。举个简单的例子，一家销售衣服的商店近期的新客户流量占据总流量的八成左右，反之，老客户流量几乎比之前下降了一半以上。通过后期调查发现，许多老客户之所以不再选择该店铺，其原因主要有以下几点：

①商品对新客户打折幅度太大，老客户感觉心里不平衡，这类人群占据了两成左右；

②商品质量不如以往，这类人群占据了一半以上；

③商品的售后服务太差，这类人群占据了一成；

④其他原因。

由此可见，新客户流量与老客户流量都需要卖家时刻注意，不可忽视。为了能够更好地将店铺的流量比例控制在一定范围内，卖家可以采取以下方法：处理好商品的匹配类别，检查标题、产品介绍是否匹配，是否需要重新设定；利用好营销活动，通过新客户打折机制来吸引其目光，以此完成交易；为老客户定期制造一些打折福利，留住老客户；利用好商品列表，将最具特点、热度较高的商品摆放在列表中的醒目位置，充分利用位置优势。

（四）转化率分析

流量转化率 =（成交的流量 / 总流量）× 100%，这也说明了流量对于订单的影响。店铺的流量转化率说明了店铺的许多实际问题，其中涉及的问题非常多，需要有一定专业知识的人来对其进行研究。当然，若是无法清楚转化率的关系，那么店铺的开设势必会遇到许多的问题。

1. 静默转化率

所谓的静默转化率通常是指买家在进入店铺以后，自主下单期间并未让客服人员介入的情况。这种静默转化率高的情况是卖家最喜欢的。通常这类买家目的性较强，购买率较高。

一般来说，静默转化率与价格、评价等信息有关。

①价格。商品的价格不单单影响着商品的搜索率，同时还影响着买家进入店铺的购买率。卖家要想减少价格对于静默转化率的影响，就要在价格方面下功夫，通过分析买家的购买情况，来制定合理的价格，使买家更容易下单。

②评价。不论是卖家还是买家对于商品以及店铺的评价都十分重视。一是在评价当中买家能够更加详细地了解商品的情况，并考虑是否购买。二是卖家能够根据买家的购买情况来优化商品或是其售后服务。不论是哪一点，显然评价更具备说服力。有经验的买家通常在购物之前会查看店铺的评价，因此，评价在很大程度上会影响到店铺的销售情况。

③详情页的设计。买家对于商品的最初了解是凭借商品详情页面的介绍，所以，对于卖家来讲，制作一个优质的详情页面十分重要。其中详情页面的内容板块大致可以分为以下几种。

商品的展示区，对于商品进行详细介绍，同时用来向买家呈现商品的诸多属性；文字介绍区，这里主要是介绍商品的名称、价格、材质、尺寸、颜色等细节；物流信息，对于商品的配送流程的介绍；商品的相关说明，其中包括商品的使用说明、商品的证明、卖家的保证书等。商品的详情页面的整体配色应该使人感到舒适，或者能够刺激买家的购买欲望。

④商品描述。商品描述通常属于商品详情页面当中的内容，不过因为它与商品的转化率息息相关，所以卖家也要对此加以重视。在商品的标题当中所提

到的内容一定要与商品的实际内容一样。这是在商品售卖的过程中最重要的一点，也是关系到店铺的未来发展的关键点。

⑤店铺装饰。店铺装饰对于店铺的转化率来说也是十分重要的内容。只有将店铺装饰得美观、大气，买家才能够对店铺有所了解，并认可该店铺，如果一家店铺连店铺的装饰都弄不好，就没有人想进一步了解店铺的商品。店铺给人一种不专业的感觉，最终会影响店铺的销售以及店铺的转化率。

⑥活动原因。由于消费者心中的"廉价"心理，对于打折的商品十分热衷，所以卖家可以根据实际情况进行一些打折活动，通常会起到一定的宣传效应以及经济收益，所以活动促销也是促进转化率上升的重要原因。

2. 下单转化率、支付转化率、下单—支付转化率

这里介绍下单与转化率关系的三种形式，即下单转化率、支付转化率以及下单—支付转化率，为了方便起见，我们将时间统一为同一固定时间。

下单转化率：（下单买家数）/（店铺访客数）×100%

支付转化率：（支付买家数）/（店铺访客数）×100%

下单—支付转化率：（支付买家数）/（下单买家数）×100%

同下单、支付有关的三种转化率的形式所代表的意义也不尽相同，所以若是以上三种形式出现问题，卖家就应该仔细寻找问题的原因。相对来说，下单转化率更能体现买家的感受，若是店铺以及商品能够使买家满意，那么该店铺的下单转化率会大幅升高。

至于支付转化率则代表着最终达成交易的买家所占的比重，卖家能够依据支付转化率以及下单转化率进行对比分析，若是比较后发现支付转化率比下单转化率更低，那么卖家就需要进行思考了，是什么原因使买家的支付率降低，这时进行数据统计，找出问题的所在就显得十分重要。

下单—支付转化率代表着在店铺当中下单的买家最终进行支付的人数所占据的比例。若是下单—支付转化率过低，那么就说明店铺有了一定的问题。举个简单的例子，若是下单—支付转化率下降到80%左右，那么就说明了在商品购买页面，100个人中只有80个人付款。其实从这里就能够看出，买家在购物的最终环节选择了放弃付款，明明买家的购买意愿已经非常强烈了，这时却放弃付款，这意味着，要么是商品的定价太高，买家无力购买，要么是商品的质量出现了问题，买家及时停止购买，要么是买家因为某些原因暂时忘记了付款。这都需要卖家进行逐一分析。

3. 与关键词相关的转化率

衡量一个关键词的好坏，除了关注它的搜索量大小外，转化率也是很重要的一个指标。如果一个关键词搜索量很大，但是转化率很小，就好像是实体店中销售一个新款的商品，看的人多，买的人少。造成转化率低的原因就是卖家的关键词使用不当进而影响了商品的搜索权重。在卖家后台的"数据纵横—商机发现—搜索词分析"中，卖家可以查看与商品相关的很多关键词数据以及指标值，其中包括了"浏览—支付转化率"数据，卖家可以进行选词分析。

第四章　跨境电商网络营销工具解读

近两年来，快速发展的跨境电子商务逐渐成为我国出口贸易新的增长点，为出口贸易注入了新的活力。跨境电商网络营销是跨境电子商务运营专员和营销专员典型的工作任务。本章将从搜索引擎营销、社交媒体营销、社群交流营销三个方面，来阐述相关工具的运用。

第一节　主流：搜索引擎营销

一、搜索引擎营销的内容与内涵

（一）搜索引擎的定义

所谓的搜索引擎指的是根据一定的策略或方式，利用计算机程序从互联网上进行信息搜索，并且将信息全部收集进行整理、筛选后，提供给用户观看的一种互联网工具。搜索引擎的类别较多，有全文搜索、目录搜索、门户搜索，以及免费链接等。

（二）搜索引擎的工作原理

搜索引擎一直被人们认为是神秘且复杂的，其实不然。搜索引擎的工作原理其实非常简单，其筛选的结果并非收集信息即时显示，而是在搜索的时候将所有信息都已经整理完毕，这时用户进行关键词的输入，搜索引擎进行关键词的筛选，最终将筛选结果显示出来，如此而已。

1. 搜集信息形成快照

网页快照是指搜索引擎通过网络爬虫在互联网上搜索并将搜索结果以快照的方式进行储存。通常网络爬虫能够遍及各个网站，并且能够快速处理网站的信息内容，这也为搜索引擎的搜索工作提供了数据方面的支持。

2.整理信息建立索引

通常用户看到的网页都是一些较为直观的文字、图片之类的信息，不过搜索引擎看到的却是网页的源代码，并且依据这些源代码来推断网页当中的重点信息。由此可见，确定重要的文字或是词组是搜索引擎搜索网页内容的其中一个流程。

搜索引擎进行信息的收集整理被人们称为"建立索引"。而"建立索引"这一步骤不只是将信息进行收集，同时还要将信息按照一定的规律进行重新整理。这样一来，用户在进行搜索的时候，才能够快速搜索到自己想要知道的内容。

3.接受查询搜索排序

通常搜索引擎还能够根据用户在搜索时输入的关键词进行潜在词语的搜索。举个简单的例子，有些用户在搜索"宠物"与"狗狗"的时候，就会出现"犬""宠物犬"等标题，这就是潜在搜索。有时搜索引擎甚至会将"人民"与"百姓"这两个词语统一处理。另外，搜索引擎在进行查询的时候，还有可能会根据词语的主题来进行扩展，如在搜索到"SEO"的时候，系统会将"网络营销""网站优化"等专有名词归为一类，一同来进行处理。

用户在进行搜索的时候，搜索引擎接收到用户所发出的信息并及时向用户回复资料。搜索引擎几乎每时每刻都会接收到大批量的用户信息，根据每个用户的需求返还其相关的信息。目前，搜索引擎最常见的返还信息的方式就是通过网页链接的形式将用户需求的信息数据进行返还。

（三）搜索引擎营销的定义

1.什么是搜索引擎营销

搜索引擎营销是目前应用最广泛、时效性最强的一种网络营销推广方式。它根据搜索引擎的特点，利用用户使用搜索引擎检索信息的机会，配合一系列技术和策略，将更多的企业信息呈现给目标用户，从而实现盈利的一种网络营销方式。搜索引擎营销是以关键词搜索为前提，以营利为目标的一种营销推广方式，被广大的跨境电商作为首选营销推广策略。

2.搜索引擎选择技巧

如果跨境电商想要开拓国际市场，搜索引擎排名将直接影响其营销推广效果。多家企业多年的推广经验表明，选择更大型的搜索引擎进行营销能够让企业获得更佳的推广效果。如果能够得到前几位的搜索引擎排名，企业将比其他竞争对手更早一步吸引到目标客户，进一步扩大外销渠道，从而实现企业利益最大化。

（四）搜索引擎营销的特点

1. 以企业网站为基础

通常来讲，搜索引擎作为网站最主要的推送方法，在没有建立网站的情况下，是很少被使用的。也就是说，搜索引擎最终要以企业网站为基础，所以我们也可以认为，企业网站设计的专业性对于营销效果有时有重要的影响。

2. 以信息为向导

搜索引擎能够检索出来的是网页信息当中的索引部分，通常只是某个网站当中的简介部分。这就是称其为索引的原因，其实这些搜索结果并不是全部内容，而只是搜索引擎自动抓取的一部分内容。因此，如果要着重研究搜索引擎的主要内容，那么就应该尽可能地将优质的、有吸引力的内容呈现给用户，并且要使用户依据这些简单的信息激发出想要观看的欲望，这时用户就会点击进入网站。

3. 以用户为主导

在通常情况下，几乎没有哪个企业能够强迫用户使用某一信息检索引擎，所以，使用哪一种搜索引擎完全取决于用户的个人意愿，在搜索结果当中，用户点击哪里也是企业无法掌控的。搜索引擎最大的好处就是它完全是由用户自主使用的，因此减少了营销活动对于用户的影响。

4. 以精准定位为特点

搜索引擎为用户进行精确分析并且实现精准定位的功能受到用户的一致好评。搜索引擎在用户的定位方面以及搜索广告关键词方面，有着较高的效率以及高度的准确性。这也为营销信息的推广做出了一定的贡献。

5. 以网站访问量的增加为效果

搜索引擎的最终目的就是通过搜索增加访问量，而访问量也是网站进行宣传推广的重要手段。这从侧面说明，增加网站的访问量是搜索引擎的重要功能之一。不过，需要注意的是，增加访问量不是搜索引擎的全部内容，因为访问量能否转化为盈利，这并不是搜索引擎所能决定的，而是由众多因素决定的。

（五）搜索引擎营销的推广手段

搜索引擎营销的推广手段主要有关键词竞价排名推广、搜索引擎优化及网站联盟广告推广。

1. 关键词竞价排名推广

关键词竞价排名最常用到的地方就是在搜索引擎当中。企业通过购买关键词，使企业的广告能够被用户搜索到。这时企业的宣传内容就会出现在搜索结果的上、下端或是右侧位置，这是为了方便用户观看，同时也是为了更好地宣传该企业。由此可见，企业如果想更容易被消费者看到自身的宣传内容，最好的办法就是购买关键词广告并且对广告的排名进行大力推广。

2. 搜索引擎优化

所谓的搜索引擎优化其原理较为简单，即通过一些技术手段使网站当中的商品或是宣传信息更容易被用户检索到，在提升了关键词检索的排名之后，提高曝光率，从而达到扩大网站销售规模以及宣传范围的目的。搜索引擎包含了两个方面，即网络内部优化以及网络外部优化。内部优化是指通过网站自身的结构、内容、关键词等元素进行搜索优化。这是因为搜索引擎所推送的网站多为内容较为优质、结构较为清晰、口碑较好的网站，这样的网站更具备搜索的价值。至于外部优化则是指优化网站的外部链接，在此暂不赘述。

3. 网站联盟广告推广

通过自动搜索匹配的技术，企业的广告能够传遍互联网的各个角落。在这里需要注意的是，并非所有的网站都能够遍布互联网各个角落，必须是优质的、热门的、人气较高的网站才能够有这样的推广。至于技术方面，网络平台自然会解决所有技术问题，企业只需要依照自身的要求将产品详情、语言、推广区域、时间以及资金及时提交给平台即可。

二、搜索引擎优化

（一）搜索引擎优化的原理

搜索引擎优化（SEO）是根据搜索引擎对网页的检索特点，让网站建设的各项基本要素适合搜索引擎的检索原则，使之对用户更友好，从而尽可能多地获得搜索引擎的收录，并在搜索引擎的自然检索结果中排名靠前，最终达到网站推广及品牌建设的目标。搜索引擎优化的过程是逆向推理，通过架设符合搜索引擎索引排序算法的网站结构、内容、代码及外链达到预先设定的排名目标，通过排名获取流量，达到营销推广的目的。

（二）搜索引擎优化的优缺点

第一，SEO 的优点。

①成本较低。SEO 是一种"免费"的搜索引擎营销方式，对于个人网站而言，只要掌握一定的搜索引擎优化技术就可以达到目的。对于企业而言，只要聘用专业的技术人员或让代理公司进行代理优化即可，而网站优化的费用相比竞价广告而言要便宜得多。

②稳定性强。用正规网站优化手法做好了排名的网站，只要维护得当，排名的稳定性非常强，所在位置数年时间也许都不会变动。

③精准度高。对于通过搜索引擎优化获得的用户，大部分都是依据搜索需求来的，比那些广告推广精准度会高很多，因此转化率也高。因为竞价广告大多统一指向首页，而不是指向用户真正需要的页面。

④不用担心无效点击。通过正规 SEO 技术所优化的网站排名效果比较稳定，是自然排名，不按点击量付费，不论竞争对手如何点击都不会浪费企业的费用。

⑤所有搜索引擎通用。网站优化最大的好处就是没有搜索引擎的各自独立性，即便用户只要求针对谷歌进行优化，但结果无论是雅虎还是其他的搜索引擎，排名都会相应地提高，这在无形中带来更多的有效访问者。

第二，SEO 的缺点。

①见效较慢。通过网站优化获得排名是无法速成的，一般难度的词需要 2～3 个月的时间，如果难度更大的词，则需要 4～5 个月甚至更久，建议可以在销售淡季进行网站优化工作，到销售旺季时排名也基本稳定了。

②排名的不确定性。由于搜索引擎对排名有各自的不同规则，有可能在某天某个搜索引擎对排名规则进行了改变，那时也许就会出现原有的排名位置发生变动的情况，这是很正常的。

③排名位置在竞价排名之后。这是由搜索引擎的规则所决定的，自然排名所在的位置只能在竞价排名的网站之后。

第二节　有效：社交媒体营销

一、社会化媒体营销定义

社会化媒体是以多对多的沟通交流为目的、以大众创造的信息为内容、以互联网技术为应用方式的新型大众媒体。它是旨在帮助人们建立社会化网络的互联网应用服务。社会化媒体营销是随着网络社区化而兴起的营销方式。

社会化媒体营销是利用社会化网络，如在线社区、博客、百科或者其他互联网协作平台和媒体来传播和发布资讯，从而形成的营销、销售、公共关系处理和客户关系服务维护及开拓的一种方式。

二、社交平台的选择

想要做好社会化媒体营销，首先要选对社交平台，要根据产品的品类和特点，选择更适合、更容易维护的社交平台。如今各类社交平台的数量已经非常多，跨境电商要根据自己的需要，选择真正适合自身品类的社会化媒体营销推广平台。

跨境电商在选择社交平台之前，要先分析一下自己的产品特点、目标国家客户的消费习惯及客户活跃的一些社交平台等。一些转化率低的社会化媒体营销往往存在两种问题：一是选择的社交平台不适合；二是运作的方法或策略不到位。

对跨境电商领域而言，因为客户来自不同国家、不同地区，所涉及的社交平台也比较多，所以在做社会化媒体营销时可能也要覆盖好几个平台。但是，这并不意味着所有能够涉猎的平台都要去做，应该选择一个或几个最适合的平台。因为我们的资源是有限的，不能只求数量而不求质量。只有找到最适合的社交平台，才能在提高流量转化率的基础上，节省营销推广的成本。

第三节　方便：社群交流营销

一、认识社群营销的内涵与价值

（一）社群营销的定义

社群是关系连接的产物，而关系要经过媒介才能连接。媒介在发展，关系的连接方式也一直在改变。传统的社群形式大多受时空限制，社群的直接沟通也相应地存在局限性。不同社群之间沟通的媒介在历史上曾经有书信、电报、广播、传呼、电话、邮件、聊天室、QQ群等。

社群形态其实一直都存在，但由于连接方式的限制，其发展被地理空间所约束。随着移动互联网的快速发展，基于互联网的通信手段开始普及，受地理空间限制的社群关系开始逐步跨越时空，进入了虚拟空间连接的阶段，如微信的出现使社群组织开始摆脱这些限制，让社群组织互动更容易、管理更方便。这是社群兴起和火爆的主要原因。

社群是一群有相互关系的人形成的网络，其中人和人要产生交叉的关系和深入的情感连接。社群营销就是基于相同或相似的兴趣爱好，通过某种载体聚集人气，通过商品或服务满足群体需求而产生的商业形态。社群营销对企业最大的好处就是增加与用户直接交流的机会，增加用户对品牌的了解，而且能使企业在第一时间得到用户的反馈，及时调整商品的性能特点或发布计划等。

（二）社群的构成要素

为了对社群有更直观的认识和评估，可以从社群运营的实践过程中总结出5个构成完整社群的要素，它们分别是同好、结构、输出、运营和复制。根据这5个单词的英文首字母，社群的构成要素可简称为"ISOOC"

1. 同好——社群成立的前提

社群构成的第一要素——同好，它是社群成立的前提。所谓"同好"，是对某种事物的共同认可或行为。我们为什么而聚到一起，最重要的是聚到一起做什么。

2. 输出——社群价值的决定要素

社群构成的第二要素——输出，它决定了社群的价值。持续输出有价值的内容是考验社群生命力的重要指标之一。例如，拆书帮用拆书法输出高质量的读书笔记，形成了国内独具特色的速书社群；秋叶PPT社群以持续高质量的PPT作品，在新浪微博上引起大量转发，形成国内知名的职场教育社群。

二、了解社群的运营方式

（一）如何完整构建一个社群

1. 同好

在社群"同好"主题之下，要尽可能构建大家共同认可的价值观，有共同认可的价值观，才能保持长期的连接，如罗振宇的"U盘式生存"，趁早社群的"女性自己的活法"。这些价值观一般来自创始人或者某一商品的理念。

明确建立社群的目的。这里的目的即建群动机，它是后续一切活动开展的初衷。只有这样才可以明确后续整个社群运营及管理规则如何设置，用户价值闭环如何成型，商业闭环如何搭建。如果一个社群的存在既能够满足成员的某种价值需求，又能够给运营人员带来一定的回报，就会形成一个良性循环，甚至可以形成自运行的生态。

社群既然应该为大家提供价值，那就必须找到一个能够产生经济回报的承载物。"同好"的标签固然可以把同类特质的成员快速聚集起来，但如果没有相匹配的回报载体满足群成员深层次的需求，这样的"同好"就会陷入组织一群人热闹、自己什么回报都没有的窘境。如趁早社群有自己的微店，出售各种衍生产品；"罗辑思维"社群有自己的电商平台，仅凭卖书就创造了一亿多元的销售额。

2. 结构

在社群的结构方面，有两个主要组成部分：一个是成员结构；另一个是社群规则。

社群里的成员必须有不同的特质，才能创造各种可能，才会让社群丰富起来。没有多元化的社群成员，就很难有好的社群生态，这被称为社群生态中的"杂交效应"。"多元化"是社群持续的根本。一般来说，在一个运作完善的社群中，有以下多元化的角色：创建者、管理者、参与者、开拓者、分化者、合作者及付费者等。

运营好社群要制定一个符合自身定位的运营规则，规则模式可以先从一个社群做起，验证模式的可行性，最后进行大规模复制。从本质上来讲，社群规则不是规定能做什么不能做什么，而是规定这个社群的文化是什么。

（二）如何保持社群的活跃度

1. 提高社群价值

想要提高社群活跃度，首先要提高社群价值。无价值的社群随着社群人员的增加将会出现各种无意义的聊天。这时候，社群的元老、有价值的成员渐渐发现这里开始变得毫无意义，因此主动选择沉默或退群。无意义的闲聊越来越多，让有追求的社群成员渐渐离开，有追求的社群成员的离开，导致社群影响力日趋下降，就这样，形成了恶性循环。提高社群价值的方法有社群成员筛选、社群资源共享以及持续提供内容。

2.分享社群内容

分享社群内容可分为两类：线上内容分享和线下沙龙活动。分享社群内容是提高社群活跃度最有效的方式。不管是哪种形式的分享，都需要耗费一定的人力、物力进行筹备。

线上内容分享具有低成本、易传播的特点，成为社群提供价值、活跃成员的主要方式。线上内容分享主要有"领域达人分享""成员话题讨论"两种方式。社群类型不同，线下的活动内容也会不同，相对应的团队分工也会有所区别。沙龙形式的线下活动是各个社群比较普遍的一种线下活动方式。

3.开展线下活动

在社群运营过程中，要营造社群成员的归属感，产生自己人效应。除了线上的互动外，线下的活动也很重要，真实的接触更能促进成员之间的联合。线上聊得再多，不如线下见一面更能增强社群成员之间的感情。在社群运营的过程中，成员要不定期地开展线下活动，如同城聚会、大型的社群聚会等。

各种线下活动可使社群成员之间产生连接，形成强关系，增加对社群的黏性，有效地提高社群的持续活跃度。

4.发放社群福利

红包对于社群建设有很大的作用。巧妙地利用红包，可以提高社群成员的活跃度。但红包是建立在直接利益之上的，是"弱吸引力"。红包只是提高社群成员活跃度的手段之一，不能太过依赖。

第一，全员红包。全员红包可以选择在重大节日，如春节、中秋节、劳动节、国庆节等时间进行发放。因为在节假日期间，大部分人都处于休假状态，心情较为放松，渴望暂时摆脱过于专业、牵涉工作的话题，所以此时一个节日红包，就可以立即让大家兴奋起来，在轻松之余，还有意外惊喜。通过这种方式可以让社群成员感觉到社群对他们的友爱和关怀，提高社群成员的归属感，同时也能引发社群成员之间的祝福，增进成员之间的友谊。

第二，定向红包。如果社群成员对社群做出了较大贡献，这时候，不妨私下对其发送一个定向红包，让其感受到物质奖励。每个社群都可以采取这样的方式，向对社群有贡献的社群成员派发红包，并在社群内提出特别表扬，这样能最大限度地提高社群活跃度。

红包可以提高社群活跃度，不过这类物质动力或多或少都存在缺陷，如专属度不足，不能非常有效地让社群成员产生社群归属感与社群印象感。所以，为了补充专属度不足的缺失，社群专属产品应当成为社群物质刺激的组成部分。相比较现金而言，社群专属产品不一定价值非常高，但一定要突出社群特色。社群周边产品选择包括 T 恤、马克杯、雨伞等实用物品。这些产品统一印制社群的标志和口号，让社群成员在使用过程中，始终可以看到，这类产品通常造价不高，因此很适合赠送给社群成员。

第五章　跨境电商网络营销策略

近年来，跨境电商发展迅速。2015 年，全球 19% 的在线购物者在中国网站上消费，中国也因此成为全球第二大跨境电商出口国。越来越多的企业意识到在线营销的重要性，运用互联网建立品牌声誉对任何企业而言都是公平的，只有那些在产品和营销方法上不断创新的企业才能走向国际化，在国际市场上占有一席之地。

第一节　消费者行为特征与市场分析

一、网络消费者的数量和结构

（一）网络消费者的数量

在互联网上进行消费的人群被称为网络消费者，他们通过购买相关的服务或者产品来满足自己的个人需求。因此，网络消费者的核心是互联网用户。中国互联网络信息中心（CNNIC）对互联网用户做了相关的定义：半年内使用过互联网的 6 岁及以上中国公民。根据 2021 年 2 月 3 日中国互联网络信息中心发布的第 47 次《中国互联网络发展状况统计报告》显示，截至 2020 年 12 月，中国互联网用户达到 9.89 亿，互联网普及率达到 70.4%。其中，网络购物用户数达到 7.82 亿。随着新的税收政策的出台，跨境电商在国内的发展已从政策红利期进入规范发展期。

（二）网络消费者的结构

根据调查，中国的网络消费者主要是中青年，19 至 35 岁的网民占网络消费者总数的 70% 以上，老年人和儿童网民比例相对较小。网络消费者的年龄随着互联网的发展继续向两端扩展，更多的中老年消费者开始尝试网购。具有较高文化程度的群体是中国网络消费者最重要的组成部分，学生、白领、专业技术人员和教师占网络消费者的50%以上，中高收入群体是活跃的网络购物群体。

二、网络消费者的类型和特征

新一代人群的特点是追求高等教育、高收入和高品质的生活。其消费注重品牌选择，具有全球意识，愿意接受新趋势，同时理性消费方式成为主流。

（一）网络消费者的类型

1. 简单型

简单型的网络消费者需要方便直接的在线购物渠道。虽然他们每个月在网上花费的时间较少，但网购占了上网时间的一半。

2. 冲浪型

冲浪型网络消费者占互联网用户的8%，在线花费时间为32%，且网页访问量是其他互联网用户的4倍。冲浪型网络消费者对不断更新并具有创新设计功能的网站感兴趣。

3. 接入型

接入型网络消费者是网络新手，比例为互联网用户的36%，他们很少购物，但喜欢在线聊天和发送免费贺卡。以传统品牌闻名的企业应该对这一人群给予足够的重视，因为新上网的人群更愿意相信他们所知道的品牌。

4. 议价型

议价型网络消费者占互联网用户的8%，他们能够直接购买更便宜的产品。超过一半的eBay（易贝，著名购物网站）客户都属于这种类型，他们喜欢谈判，并想在交易中取胜。

5. 定期型和运动型

定期型网络消费者经常访问新闻和商业网站，而运动型网络消费者则喜欢体育和娱乐网站。目前，网络卖家面临的挑战是如何吸引更多的网络消费者，并努力将网站访问者转变为网络消费者。

（二）网络消费者的特征

1. 个性化

社会消费品的丰富和人们收入水平的不断提高，进一步扩大了消费者的选择范围，使个人消费得以实现。消费者购买的商品不仅要满足他们的物质需求，还要满足他们的心理需求。网络消费主要针对中青年和受过高等教育的消费者，他们对购买商品有独特需求，喜欢与众不同的商品以满足其个性化需求。随着个性化消费的产生、网上商品的日益丰富和全球商品的联通，消费者的需求正在不断增加，这刺激了消费者产生购买动机以满足他们的需求。此外，较高的收入水平还可以支持他们额外支付定制的商品。

2. 理性化

具有较高文化水平的消费者不易受到舆论信息的干扰，具有识别商业广告和宣传的能力，对自身的实际需求有清晰的认识，有具体分析商品的能力，在购买时可以理性地做出决定。另外，网络营销系统的信息处理功能为消费者提供了前所未有的商品选择空间，消费者通过反复使用在线获取的信息来进行商品比较，然后决定是否购买该商品。企业采购人员可以使用提前设定好的计算程序，快速地比较购买价格、运输成本、折扣、时间效率等综合指标，最后选择有利的渠道和途径。京东集团表示，消费者在使用网上超市时更注重商品质量，理性购买的比例较高。

3. 便利性

消费者的网购行为主要是基于电商设施的便利性，可以在时间和能源方面实现最大限度节省。目前，人们在消费过程中存在两种趋势：一些具有较大工作压力和处于高度紧张状态的消费者的目的是可以轻松购买，并且可以最大限度地节省时间和人力成本；而其他消费者，由于劳动生产率的提高和自由时间的增加，他们希望通过消费找到生活的乐趣。网络购物除了能够满足实际的购物需求外，消费者还可以在购买商品时获取大量的信息，并获得在实体店购物不能体会的乐趣。

4. 主动性

在网络营销中，现代社会不确定性的增加以及人们追求稳定和心理平衡的愿望，导致人们消费主动性的增加。在正常情况下，消费者在网上购物是有目标的。在社会分工越来越精细的趋势下，当选择的数量增加时，消费者的使用风险会增加。消费者通常会主动利用各种渠道来获取与商品相关的信息，然后进行分析和比较。这种消费主动性特征对网络营销产生重大影响，这要求企业必须要满足消费者的需求，而不是对消费者实施"填鸭式"的广告宣传，要通过让消费者比较细节，从而做出选择。

5. 互动性

移动互联网等互动平台的出现以及互动技术的快速发展，加强了网络消费的互动性。互动的网络购物环境使供应商能够充分了解消费者的需求，以更好地满足消费者需求，也促进品牌采用多样化的方法进行信息传播。其他近年来，以交互式信息为基础的点评网逐渐兴起，消费者可以与对此感兴趣的其他消费者分享他们的使用感受（正面或负面），并逐渐形成消费者偏好群组。其中还包括喜爱品牌的群体爱好者（忠诚消费者），他们可以与群组中的其他人进行交流。

三、网络消费者的购买决策过程

网络消费者的购买过程是塑造和实施网络消费者购买行为的过程。在电商环境中，消费者进行网络购物的决策过程可以细分为五个阶段：确定需求、收集信息、比较选择、购买决策和购后评价。

（一）确定需求

网络购买流程的起点是需求。消费者需求由内部和外部因素产生。当消费者对市场中的特定产品感兴趣时，他们可能会有购买的欲望。这是消费者做出消费决策的基本前提。在网络营销策略中，推动消费者产生需求的唯一动力是视觉和听觉。词语的表达、图像的设计和声音的配置是网络营销促使消费者购买商品的直接驱动因素。当消费者浏览网站时，信息可以成为其购买动机的触发器。消费者想要浏览的目标网站是他们经常登录的知名网站，一旦他们找到了自己感兴趣的地方，他们就可以在互联网上进行信息的收集和订阅。在这种情况下，网络营销想要吸引消费者是相当困难的。这要求参与网络营销的企业关注与其产品相关的实际需求和潜在要求，了解不同时期的不同需求，了解哪些刺激可以带来不同的需求，并巧妙地设计一种促销方式，从而吸引更多用户上网冲浪，推动他们产生消费需求。

（二）收集信息

消费者在购买过程中收集信息的渠道主要包括内部渠道和外部渠道。内部渠道是指消费者存储和保留的市场信息，包括购买商品的实际经验、市场观察和个人购买的记忆等；外部渠道是指消费者可以从外部收集信息的渠道，包括个人渠道、商业渠道和公共渠道。网络消费者主要通过三个外部渠道收集信息。

①个人渠道。信息主要来自家人、朋友等，这些信息对消费者购买决策有

重大影响。如果家人和朋友对商品评价较低，消费者一般不会考虑购买该商品。

②商业渠道。信息主要来自卖家在商店网站、公司官方网站、搜索引擎推广和电子邮件上发布的各种在线广告。信息内容主要包括产品介绍和促销信息。

③公共渠道。信息主要来自大众网站，如购物论坛、博客和社交网站等。

网络环境中的卖家和商品信息逐渐透明和开放。消费者可以搜索信息、咨询卖家，寻求经验丰富的网民帮助，或者分享他们的购物体验。在网络环境中，信息收集方便，打破了时间和空间的限制，消费者通常可以拥有多种信息来源。与传统购物时的信息收集不同，网络购买信息收集更加主动。在网络购买过程中，对于商品信息的收集主要通过互联网进行。互联网用户可以根据他们已经知道的信息在互联网上跟踪查询，通过不断地浏览互联网页以寻找新的购买机会。在大多数情况下，消费者用搜索引擎查找和收集特定的品牌及商品信息，这种方式可以帮助消费者获得更多与品牌和商品相关的新信息。

（三）比较选择

为了满足消费者需求，比较选择是购买过程中不可或缺的一部分。消费者对通过不同渠道收集到的数据进行比较、分析和检验，通过评估具体信息了解不同商品的特点和性能，实现品牌比较和商品比较的目标。网络消费者主要比较品牌、质量、功能、外观、价格、交付方式、支付方式和售后服务等，从而最终确定购买的目标和购买计划。

在电商环境中进行网上购物时，消费者会主动寻求各种可能的方式。目前，其主要是通过在线了解商品相关信息，并通过分析和比较来产生消费心理和行为。虽然大多数消费者没有足够的专业知识来识别和评估商品，但他们获取有关商品信息的心理需求逐渐增长。在网络购物中，消费者主要通过商品的描述和展示来比较商品，并不能与商品有效互动。因此，在比较阶段其对购物网站的依赖性很强。目前，消费者对于商品的在线比较取决于卖家对商品的描述，包括文字描述和图片描述。这将影响到消费者对商品的关注和对商品的选择。如果互联网营销人员不能很好地描述他们的商品，就无法吸引更多的顾客。如果商品描述过于夸张，有虚假描述，也可能永久失去顾客。目前，许多电商平台和门户网站已经开始提供商品在线比较系统，可以有效地帮助消费者比较同类商品的参数、功能和形式，节省消费者的精力，并通过建立售后评估系统帮助消费者进一步选择。价格是影响消费者购买行为的重要因素，消费者面对同一商品通常选择价格最低的。因此，卖家在定价和促销时要考虑消费者的实际支付能力。

（四）购买决策

在商品比较完成后，网络消费者做出购买决策。与传统的购买方式相比，网络购物决策有以下特点。

①网络消费者的理性动机比例较大，情感动机比例较小。

②网络购物受外界影响较小，大多数购买决策都是由自己或与家人协商后做出的。

③网络购物的决策做出比传统购买决策做出快得多。在这一过程中，网络消费者需要在线填写订单，选择付款方式和交付方式。与传统的面对面交易相比，网络购物的配送周期长，存在许多不安全因素，因此，消费者选择的购物网站大都具有良好的声誉和高度的信誉。

（五）购后评价

购后评价是网络消费者在享受商品和服务后评价购买过程的阶段。评价标准包括商品是否满足需求、价格是否合适、质量和功能是否符合业务推广、支付方式是否安全、交货速度和售后服务质量是否满意等。中国综合型 B2C 电商企业普遍建立了商品评价系统，允许消费者将商品购买体验反馈给卖家并与其他消费者分享。反馈信息包括正面评价和负面评价。在正常情况下，网络购买评价的影响往往大于传统购买评价，并且在购买过程中负面评价信息往往比正面评价信息对消费者产生更大的影响。购买评价对卖家未来的生产和销售具有重要价值，是建立网络声誉的重要途径，同时也对其他消费者未来的购买意愿产生重大影响。

为了提高企业竞争力和促进市场最大化，企业必须听取消费者反馈的意见和建议。互联网为在线营销人员收集评论提供了独特的优势。可通过简单、快速和廉价的电子邮件来连接制造商和消费者。制造商可以将反馈表附在订单背面，当消费者购买商品时，他们可以填写自己对制造商、商品和销售过程的评价。制造商利用网络收集评价信息后，通过计算机进行分析和归纳，可以快速发现自身的不足与缺陷，及时了解消费者的意见和建议，并及时提高商品性能和售后服务水平。

第二节 海外零售市场调研与分析

随着经济全球化和跨境电商的快速发展，市场和市场竞争的范围已经扩展到全世界，因此，海外市场研究已经成为网络营销理论和实践的重要组成部分。海外市场研究指的是运用科学的研究方法和手段，通过系统地收集、记录、组织和分析海外市场的基本条件和影响因素，帮助企业制定有效的营销决策，实现企业国际化的目标。

一、海外市场调研的必要性

（一）国际营销决策比国内营销决策需要更充分、及时、准确的信息

由于各个国家在文化、法律、政治和经济方面存在着不小的差异，因此，国际营销决策者对营销环境的熟悉程度低于国内营销决策者，如果不小心应对，可能就会导致决策失误。相对而言，信息对于国际营销更为重要。

（二）国际营销决策所需要的信息不同于国内营销决策所需要的信息

这是由于国际营销决策与国内营销决策不同。例如，国际营销的关键决策之一是选择进入海外市场的方式。为实施这一决策，就需要企业去了解目标市场国家的外汇和外资政策，了解目标市场国家的资源状况，如劳动力、原材料和管理经验，以及目标市场国家的竞争状态和渠道分布等。而国内营销决策通常不需要收集此类信息。

（三）有些信息在国内很容易得到，在国外（尤其是在发展中国家）很难得到或根本得不到

首先，由于不同国家的统计方法和统计时间等因素的差异，有必要进行复杂的分类和转换以使其具有可比性。其次，相同的研究方法在 A 国有效，在 B 国可能无效或受限。最后，国外营销研究的成本远高于国内营销研究的成本，国际营销研究的组织比国内营销研究更为复杂。

二、海外市场调研的三大要素

（一）新的参数

第一，关税、外汇和货币波动，不同运输方式，不同国际单证等新的参数。

第二，各种国际业务模式也产生新的参数，如进出口活动的开展、产品许可证管理系统的实施、合资企业的创建等。

（二）新的环境要素

当一家企业进入海外国际市场时，它必须面对一个陌生的环境，需要理解和认识当地的政治、经济、文化、法律等，特别要注意商业活动中的各种风险和机会。

（三）竞争的广泛性

在海外市场上，企业面临着更多的竞争和挑战。因此，企业必须确定竞争的范围和程度，跟踪竞争活动，并评估这些活动对企业运营的实际影响和潜在影响。

三、海外市场调研的内容

为了经营商品进出口业务，企业必须首先了解海外市场的环境，做到相互了解，相互认可。这往往要求企业进行海外市场调研，如海外市场环境调研、海外市场商品情况调研、海外市场营销情况调研和海外市场客户情况调研。

（一）海外市场环境调研

企业海外市场环境调研的核心内容主要体现在以下方面。

第一，国外经济环境。经济发展环境是企业确定海外市场发展方向和目标的重要依据。它包括一个国家的经济结构、经济发展水平、经济发展前景、就业、收入分配等，以及价格、税收、对外贸易和经济政策的相关信息。

第二，国外政治和法律环境。国外政治和法律环境包括政府制定的重要经济政策，政府对贸易实施的激励、限制，特别是对外贸易的法律法规，如关税、配额、国内税收、外汇限制、卫生检疫和安全法规等。

第三，国外文化环境。国外文化环境包括目标国使用的语言、教育水平、宗教、习俗和价值观等。

第四，国外技术环境。对国外技术环境的研究主要是为了理解对企业有用的并被他人获得的详细科学技术成果或发明专利的材料。科技信息对实现企业的长远目标具有重要的战略意义。

（二）海外市场商品情况调研

企业想要使商品在海外市场上实现出口，其不仅要了解海外的市场环境，还要了解海外市场商品的情况。

第一，海外市场商品的供应条件。供应条件包括供应渠道，供应来源，海外生产商、生产能力、数量和库存等。

第二，海外市场商品的需求条件。需求条件包括海外市场的多样性、对商品的要求等。

第三，海外市场商品的价格情况。价格包括海外市场上的商品价格、价格和供需关系的变化。

第四，海外市场相关信息。市场信息包括国家人口、市场结构、运输条件，国家对进口商和出口商的总体要求，某些商品在其国内消费或生产中的进出口份额以及商品的盈利能力等。

（三）海外市场营销情况调研

海外市场营销情况调研是对海外市场营销组合情况的调研，除已经提到的商品及价格外，一般还应包括以下方面。

第一，商品销售渠道。商品销售渠道包括销售网络设立，批零商的经营能力、经营利润，消费者印象，售后服务等。

第二，广告宣传。广告宣传包括消费者购买动机，广告内容，广告时间、方式、效果等。

第三，竞争分析。竞争分析包括市场竞争结构和垄断程度，主要竞争对手企业的占有率，当地供货商利用政治影响提高关税和非关税壁垒的可能性，竞争者产品质量、价格、政策、广告、分配路线、占有率等。

（四）海外客户情况调研

每个商品都有自己的销售（进货）渠道。销售（进货）渠道是由不同客户所组成的。企业进出口商品必须选择合适的销售（进货）渠道与客户，做好海外客户情况的调查研究。一般来说，企业对海外客户情况的调查研究主要包括以下内容。

第一，客户政治情况。这主要是了解客户的政治背景、与政治界的关系、企业负责人参加的党派及对我国的政治态度。

第二，客户资信情况。这包括客户拥有的资本和信誉两个方面。资本是指企业的注册资本、实有资本、公积金、其他财产以及资产负债等情况。信誉是指企业的经营作风。

第三，客户经营业务范围。这主要是指客户经营的商品品种。

第四，客户业务。这是指客户是中间商还是专营商或兼营商等。

第五，客户经营能力。这是指客户业务活动能力、资金融通能力、贸易关系、经营方式和销售渠道等。

四、海外市场调研的程序

（一）明确调研目标

企业开展海外市场调研的目的可以分为三类。一是对出口活动进行研究，研究的目的明确，即分析海外市场机会。因此，在企业准备进入特定国家的市场之前，需要回答两个基本问题：我们的产品或服务是否在东道国有市场？如果有，市场潜力怎么样？二是对进口业务进行的研究。这类研究的重点是了解海外供应商的可靠性、产品和服务质量的一致性、交付时间的准确性和灵活性（可通过银行或大使馆获得信息）。此外，企业还可以对政策和法规进行分析，来确认某种原材料是否被限制进口。三是为了获得市场扩张而进行的研究，这类研究主要是了解关于业务扩张和政治环境的信息。

（二）制订调研计划

调研计划是预先设计和规划研究活动，并围绕研究目标来进行制订。调研计划的主要内容围绕"做什么"和"如何做"进行。"做什么"是研究活动的主要任务。"如何做"是指具体研究活动的路径、手段、方法和方式。

（三）实施调研计划

调研计划的实施主要涉及信息的收集、整理和分类。信息收集的过程可以由企业自己完成，也可以交给专门的研究机构进行。如果直接进入海外市场考察，一般期限为半年以上，需要聘请当地的礼仪顾问和法律顾问，还需要熟知当地的保险公司、代理商和政府人员，要完成市场调查，如销售目标、分销商、渠道和促销方法等，可以通过与外国人交流以获取研究信息。目前，全球速卖通的主要市场是俄罗斯、巴西、美国、西班牙、法国等。卖家可以向这些国家的朋友进行市场调研，也可以浏览海外的购物网站查看相似商品的价格等，通过买家渠道分析畅销商品的特点，从消费者的角度进行思考和分析，进而了解买家的需求。

（四）完成调研报告

海外市场调研的最后一步是完成调研报告。报告中最重要的不是数据和公式的统计，而是数据和公式所总结出来的结论。如在轻工产品方面，俄罗斯的价格是中国的 3 倍；在吃穿方面，巴西的价格是中国的 2 ～ 3 倍；美国的物价低于工资水平，但也有一些商品价格较高。

五、海外市场调研的主要方法

企业获得的海外市场调研信息一般根据其获取方式可分为两类：一类是通过个人观察、研究和注册获得的，称为原始数据信息；另一类是其他人搜查的信息，研究人员根据自身研究的需要将这些信息用于自己的研究，这被称为二手资料信息。数据采集方法主要包括案头调研方法和实地调研方法。

（一）案头调研方法

案头调研方法是二手数据研究或文献研究，是通过室内访问收集和研究项目相关材料的过程。二手资料信息的信息来源有多种途径，如企业内部信息、国家或外国政府和研究机构信息、国际组织出版的国际市场信息和国际工商协会提供的信息等。中国已经开展了三种主要的案头调研活动。

第一，进入市场的可行性分析。也就是说，在进入海外市场资格分析时，首先列出所有潜在市场，然后分析目标国家需要的信息资料。

第二，获利的可能性分析。这是了解海外市场价格、市场需求等，并与相关竞争产品的成本进行比较。

第三，市场规模分析。这是粗略估计市场的规模和市场的潜力。

（二）实地调研方法

实地调研方法是海外市场研究人员通过实际研究直接向海外市场收集情报信息的一种方法，该方法能够收集到第一手的信息资料，称为原始数据。在海外市场研究中，对于出口的初期市场、发展潜力较大的市场、售后服务需求旺盛的市场，企业可派人员或团体到当地市场进行现场调查，掌握第一手资料。

实地调研常用的调研方法有三种：询问法、观察法和实验法。

例如，企业进行海外市场环境、商品及营销情况调查，一般可通过下列渠道、方法进行。

第一，派出国推销小组深入海外市场以销售、问卷、谈话等形式进行调查（一手资料）。

第二，通过各种媒体、报纸、杂志、新闻广播、互联网等寻找信息资料（二手资料）。

第三，委托海外驻华或我国驻外商务机构进行调查。

通过以上调查，企业基本上可以解决应选择哪个国家或地区为自己的目标市场、企业应该出口（进口）哪些商品以及以什么样的价格或方法进出口。

跨境电商的快速发展将为中国零售商未来拓展海外市场带来更多的机会。在海外发展之前，企业需要对整体投资环境进行长期、全面的研究和分析，还要研究所投资国家的政治、经济、文化、法律、贸易等商业环境，对人口、收入、市场零售、消费习惯、区域经济环境、文化、政府宏观政策等因素进行详细分析，以确保信息的准确性和可靠性。以上都是企业能否成功进入海外市场的先决条件。

第三节　跨境电商中的具体网络营销策略

网络营销是企业整体营销战略的一个重要组成部分，无论是传统企业还是基于互联网开展业务的企业，无论企业是否正在进行电子交易，都需要进行网络营销。跨境电商也需要网络营销，但网络营销和跨境电商研究的范围是不同的。跨境电商具有广泛的内涵，它的重心是跨境电子交易，强调交易方法和流程的各个方面。网络营销则侧重于基于互联网的营销活动，其重心是宣传与推广。网络营销与跨境电商之间的这种关系也表明，跨境电商流程中交易的在线支付和交易后的产品分发问题，并不包括在网络营销中。

一、产品策略

事实上，跨境电商运营的成功有很多因素，如人才和资金，以及运营平台的正确选择，但我们认为跨境电商的第一步是如何正确选择产品，如果选择错误，即使投资许多人力和资源，也难以挽回败局。

（一）跨境电商产品选择的策略

1. 以市场为导向来选择产品

产品的选择最终应以市场为导向。事实上，电商特别是跨境电商，选择产品的本质是选择质量与价格。跨境选择产品首先需要选择适合自身定位的产品，并满足市场需求，需要避开红海战略，拥有自己的产品。在电商市场中，客户有更广泛的选择，如果卖家提供的产品或服务不能满足他们的需求，客户将转向其他卖家。所以问题的关键是，卖家要了解客户的需求并尝试满足客户的需求。由于不同客户群体的需求不同，这要求卖家细分市场并提供不同类型的产品。如果不注重市场导向，结果只能是为竞争对手的成功创造机会。

2. 产品线的选择

产品线选择主要是产品专业化与产品综合化选择之间的衡量，根据跨境电商的定位，可以将综合产品的管理能力、资本能力、市场资源和渠道资源设置为不同的产品线选择模式。目前，跨境电商的选择一般是，20% 是用来引流的产品，20% 是有利可图的核心产品，60% 是传统产品，并且产品线之间是相关联的。其关联性方便客户进店采购，也可以增强客户的黏性，但产品线不宜过长，如果产品线过长，就会造成库存压力问题，这会带来很多在运营成本上的压力。对于产品线的核心，仍要在市场实践中不断优化和完善，如基于日常经验数据、客户反馈、竞争对手的销售能力，通过结合跨境数据统计，最终创建出一个符合我们自身竞争力的产品线。

3. 爆款产品的选择

爆款产品无疑是非常受欢迎的产品，其具体表现为高流量、高曝光量、高订单量。通过创造爆款产品，可以使店铺流量持续增加和产生关联销售。爆款产品是店铺生存的核心，因为爆款产品可以产生持续的现金流，还因为爆款产品可以建立自己稳定的客户群体，增加客户信任度。要制造爆款，就必须选择合适的产品。产品的质量、款式、价格和细节应该能激发人们购买的欲望。选择爆款产品的方法主要有分析店铺的客户流量数据，或分析在热销店铺销售的产品，或结合相关热点问题来推测现在的热点产品。例如，可以选择跨境电商平台，如全球速卖通，选择在自己行业中领头的卖家，并选择其最畅销和评价最好的产品之一进行产品分析。当然，要想在海外市场上占据一个搜索量很大的区域并选择一个偏向于这个区域需求的产品，可以使用相关工具查看自身产品在海外的销售情况。

4. 产品种类的选择

在选择产品类别时，需要选择"小、便、轻"的产品。最重要的是要考虑国际快递的成本。产品过大、重量过重，会导致抛货量产生，增加抛货价格，因此，国际快递不具成本效益。产品应易于运输，在运输过程中不易损坏，否则，产品的退换将是一件令人头疼的事，会造成交易纠纷，不仅需要人力解决，还会造成更多的运费损失。最好选择一些易耗品，会产生重复购买，可以轻松培养消费者的消费习惯，也有利于客户的保留和产品的传播。

在选择产品类别时，卖家还需要考虑海关因素。有些产品不能过关或国际快递不接受，除了国家法律禁止的产品外，还有不能运输的液体、粉状物品、药品（需要特殊快递）和易燃易爆物品。此外，有必要查明哪些国家不接受哪些产品的进口（例如，澳大利亚不接受化妆品、珠宝等的清关），具体情况可以根据自己的产品咨询相关物流公司，也可以咨询同行业资深人士。

（二）跨境电商产品选择的具体方法

1. 以跨境平台为搜索平台确定热销产品

这是许多跨境卖家最常见的做法。例如，进入全球速卖通网站并输入关键词，全球速卖通的搜索框将包含关键词的热门搜索，然后将这些热门词与第三方数据工具相结合，可以得出有利的结论。

2. 浏览海外网站选择热销产品

想要了解海外市场可以通过浏览众多海外网站，点击海外网站的热销产品，特别是那些热门的爆款产品。据了解，某个 Wish 卖家曾经模仿英国的网站进行产品的推送。该网站上的大部分产品都是从中国进口的。而该卖家通过关注海外网站进行有关销售，最终选择了畅销的产品，并且因此形成了良好的市场效果，这一点值得其他卖家一同学习。

3. 查看社交媒体的热词

跨境电商平台核心内容就是抓住客户。新时代市场需求最大的是一些较为新型的社交媒体，其中微博、推特等较为著名。企业通过了解不同地区、不同国家人群的习惯以及兴趣爱好，并且着重分析当地的热门词，这将有利于其对核心客户的抓取。如化妆品行业，就可以运用这样的方式，关注当地不同的社交媒体，讨论有关化妆品的风格以及类别，在相互交流的同时收集资料。由此可见，抓住了社交媒体就是抓住了市场发展的方向。

4. 进入全球速卖通等跨境平台学习榜样卖家

对于许多跨境小卖家来说，这种方法是最直接的。例如，按关键词搜索同行领头的店铺，进入店铺的买家页面，对其进行研究和分析，可以找到许多跨境产品的商机。通过研究领头卖家的页面，可以了解爆款产品的标题、关键词、市场定位、市场活动等，还可以查询交易记录，如淘宝记录。在这些买家的记录中，可以看到客户资源、买家满意度和买家对产品的评价，也可以通过研究领头店铺来学习如何运营爆款产品。

（三）跨境电商产品选择需要注意的问题

1. 注重知识产权保护

随着中国电商出口市场的快速发展，整个行业面临的法律监管和知识产权风险也在增加。在跨境电商中，婚纱礼服、服饰珠宝、手工艺品等产品赢在款式，因此，很容易形成设计侵权的问题。与欧美发达国家相比，中国的知识产权保护制度还不完善，导致一些山寨产品和侵权产品在电商平台上出现。此类侵权行为在具有较强知识产权保护意识的发达国家中，会需要支付较高的侵权成本，以及市场对其限制进入。因此，在选择跨境电商产品时，有必要根据知识产权保护原则选择销售非侵权的产品。目前，越来越多的国家正在改进和更新各种标准体系，这对跨境电商出口行业构成了巨大压力，同时也让跨境电商出口买家认识到了知识产权保护和专利保护的重要性。

2. 注重市场调研

通过对产品功能和产品市场的深刻理解，以及对产品和市场的敏锐观察，我们才能更好地了解买家的心理需求。同时，我们需要对适合销售产品的市场进行研究。跨境电商贸易对于国内电商来说，整个市场文化基本上没有明显的差异，消费者的消费习惯数据获取较为容易，只要曝光量增加，有流量，就会产生订单。在消费习惯上，国内外有着很大的不同，这些习惯导致了国内的热销产品在国外不受欢迎，冷门产品却成为爆款产品。因为每个国家都有自己不同的文化和习惯，适合的产品和消费者类型，企业要通过市场调查来了解。此外，不同的产品在选择平台方面也有所不同。例如，eBay 平台更适合美国、澳大利亚、英国等发达国家的市场，适合销售一些更有特点的产品，而全球速卖通更适合相对来说价格较低的产品，适合巴西、俄罗斯等市场，为了做出科学和正确的决策，企业要对内部和外部数据进行充分研究和分析。

3. 注重产品决策以数据为基础

在跨境电商交易中，企业应根据具体的产品类型、产品数量和产品销售平台来制订具体方案。从数据来源的角度上来看，数据分为外部数据和内部数据。外部数据是指企业外的其他企业和市场产生的数据。内部数据是指企业内部运营期间产生的数据，这类数据可通过市场调查获得。可以将行业相关数据作为基础，如中国电子商务研究中心的一些跨境行业数据，还可以通过信息产业协会和行业展览进行研究，为产品选择最合适的海外市场，同时还能定期处理目标市场的需求分析，分析不同地区客户的特定需求和基于大数据的客户的行为特征，并提供不同形式和不同类型的产品。可以跨平台进行行业调查，如在全球速卖通中输入产品关键词，以及查看特定产品销售数据来查看市场是否具有足够的竞争力。核心工作仍需要使用数据分析工具，如全球速卖通使用纵向和横向工具来进行市场评估并选择产品类别。

二、价格策略

由于价格是企业、消费者甚至中介机构最敏感的问题，所以，价格策略也是跨境电商网络营销策略的重要课题。

（一）网上市场产品的价格特点

1. 价格水平趋于一致

在全球互联网市场环境中，需求者和竞争对手都可以通过网络从特定企业获取产品价格信息，并将其与其他类似产品价格进行比较，这样做的最终结果是让某个产品的价格永远变化，价格水平的差异会对实施不同价格策略的企业产生重大影响。

2. 非垄断化

通常互联网的竞争都伴随着垄断现象。不论是垄断市场还是垄断技术，甚至是价格方面的垄断都是暂时的，都是较为短视的，对于市场的发展不利。

3. 趋低化

网络营销大幅度降低了企业的开发以及推广的成本，这也使产品的价格有下降的空间，通过降低产品的价格来吸引客户就成为一种可能。另外，伴随着互联网的发展，企业为了能够更好地参与竞争，更好地吸引消费者，降价销售也不失为一种解决办法。

4. 弹性化

网络营销的互动性允许客户与企业就产品的价格进行谈判，以实现价格的弹性。

5. 智能化

通过网络，企业不仅可以充分了解产品对消费者的价值，还可以根据不同的消费者的要求生产定制产品。在产品的设计和制造过程中，数字化处理可以准确计算出每个产品的设计和制作成本。因此，企业可以建立一个智能的定价系统，并对每个不同的定制产品设置合适的价格。

（二）网上市场的定价方法

由于企业面向全球互联网市场，在制定产品和服务的价格策略时，有必要考虑各种国际因素，并根据海外市场的需求情况确定企业的价格策略。在网络环境中，传统的基于生产的定价方式正在逐步被淘汰，客户需求已成为企业开发、制造和开展营销活动的基础。这也是企业在为其产品定价时必须考虑的第一要素。这种新的价格策略创造了价格优势，其主要体现在以下方面。

第一，因其符合客户特定的要求，所以它降低了客户对价格的敏感度。网络营销功能让客户慢慢意识到，实惠的价格不仅表现为更低的价格水平，而且需要完美的服务和强大的技术支持。

第二，完全可定制的生产是根据消费者的需求量身定制的，这意味着企业的库存压力会降低。较低的库存产生的利益允许企业与其客户分享这些降低成本带来的好处，以获得价格优势。

（三）跨境电商产品价格的制定

理想的产品价格在 50 美元～ 500 美元之间。首先，跨境交易需要考虑国际运费，如果产品的单价太低，运费却远高于产品价格，购买者的购买意愿也会降低。此外，产品的单价太低，利润低，很容易吸引竞争对手。其次，买家和卖家很难建立信任关系，买家下订单并不容易，因为一些奢侈品、贵重物品价格太高。最后，产品的价格需要有利可图，这个价格范围内的产品有足够的利润空间。

（四）影响跨境电商产品价格的因素

除产品价格本身外，影响跨境电商产品价格的因素包括关税成本、物流成本和售后服务成本。

1. 关税成本

关税是影响产品价格的重要因素。例如，在海淘模式下，入境货物按 2012 年海关总署发出的税率缴税。目前大多数跨境电商试点城市采用保税进口模式，跨境电商的海关监管程序更为严格，从跨境电商平台购买的产品必须报备消费额度，偷税漏税问题得到了纠正。因此，跨境电商产品的价格应考虑到关税成本。

2. 物流成本

物流成本不仅与产品的销售效率有关，还会影响产品的价格。物流成本管理问题也越来越突出。跨境电商发展迅速，但物流和运输手段的发展却相对滞后，导致产品的积压或者更换更昂贵的物流公司。目前，跨境电商以国际快递和小型航空包裹为主，运费很高，无法实时确认包裹的状况，欧美包裹需要1～3周，俄罗斯、巴西包裹需要一个月、两个月或更长的时间。通常，国际物流的正常包裹运费几乎都超过100元，物流费用占产品价格的20%以上。

3. 售后服务成本

在跨境电商中，当在海外市场购买产品时，如果产品出现问题，消费者通常无法享受国内的保修服务，不得不支付额外的维护费用，特别是如果需要退货，消费者必须支付高额的退货成本。进口电商从国外进口大量商品并将其存储在保税仓库中，在一个国家内进行交货和收货。目前，大多数跨境电商进口平台在中国已形成特殊的后台仓库，可以一次性将退货返回给海外贸易商，而国内买家只需承担退回国内仓库的快递费用。例如，一公斤物品通过顺丰速运退回的成本可控制在20元左右。

三、渠道策略

销售渠道是指从生产者到消费者的整个货物流程，以及相应的营销机构设置。使用正确的销售渠道可以使企业及时地将产品转移到客户手上，实现扩大商品销售、加快资金周转、减少流动费用的目的。任何想要销售产品的企业都应该正确选择产品的销售渠道。选择销售渠道有两个方面：一个是选择销售渠道的类型；另一个是选择某个中介。

（一）网络营销渠道的功能

与传统营销渠道一样，一个完善的网络营销渠道应有三大功能：订货功能、结算功能、配送功能。

第一，订货功能。它为消费者提供产品信息，同时促进制造商获取消费者需求信息，实现供需平衡。一个全面的消息系统，可以最大限度地减少库存，降低销售成本。

第二，结算功能。消费者在购买产品后，有很多方法可以实现轻松付款，因此制造商要有多种应对方法。国外有几种流行的方法：信用卡、电子货币、在线支付等。国内支付方式主要包括邮局汇款、货到付款、信用卡、在线支付等。

第三，配送功能。通常，产品分为有形产品和无形产品。对于服务、软件、音乐等无形产品，可以直接在线分发。而有形产品的分发配送存在运输和仓储等问题。对此，国外有公司已经建立了专业的配送公司，如美国的联邦快递，可以实现全球快递服务，在线销售的戴尔公司就将配送业务都交与了联邦快递。因此，专业配送公司的存在是国外网络营销快速发展的原因之一，如美国有良好的专业配送服务系统为其网络营销提供支持。

（二）跨境电商平台的选择

跨境电商平台的增多和跨境电商销售平台的定位日益多元化，促使跨境电商产品应基于其运营的电商平台的特点来进行选择，差异化的平台定位有着不同的目标客户群体。目前，电商平台主要包括敦煌网、大龙网、兰亭集势、跨境通、天猫国际和阿里巴巴国际站。敦煌网旨在为中小企业提供面向海外市场的 B2B 平台，主要通过电子邮件营销拓展海外市场，为买家和卖家提供高质量的产品信息，在多个世界市场上占有很大的市场份额。兰亭集势主要集中在美国 B2C 市场，通过定制婚纱进入美国市场。跨境通依靠低成本来获得竞争优势，现面临随着物流成本、存储成本和利率险的上升。天猫国际主要通过代购、海淘等形式进行 B2C 营销。阿里巴巴国际站主要是 B2B 模式。海外平台有 eBay、亚马逊等，由于海外平台对产品质量和安全性要求很高，因此需要进行一定的审核才能在平台上运营。在选择产品时，企业需要根据不同平台的定位，调查平台的目标客户群，才能在制定针对这个平台的产品类型和数量等策略。

第四节　跨境电商中常用的网络营销方法

B2B 平台帮助中小企业在一定时期内开拓市场，但在市场发展阶段，专业的跨境网络营销是外贸企业发展的"催化剂"。近年来，除了直接在社交媒体上做广告外，与海外网红合作也已成为中国外贸企业的一种新的营销方式。以下是跨境电商中常用的网络营销技术。

一、电子邮件营销

众所周知，国外的邮件覆盖范围相当广泛，人们常使用电子邮件进行沟通。跨境电商更加关注营销的有效性，电子邮件营销被认为最重要的营销渠道。例如，亚马逊拥有全面的电子邮件营销系统，专注于国内外的电子邮件营销，它的电子邮件营销涉及客户销售流程，如每日促销、售后服务和客户体验，以及基于客户、数据和渠道的大数据营销工具，这使其处于个性化营销的前沿。那么，怎样使用电子邮件进行海外市场的营销呢？

（一）电子邮件主题

电子邮件的主题可以让用户知道电子邮件的大致内容，表达电子邮件营销的最基本信息，并且良好的电子邮件主题将引起用户的兴趣，促使其打开电子邮件。这对用户是否打开邮件有重大影响。因此，电子邮件主题的设计是电子邮件营销人员最关心的问题之一。

1. 体现电子邮件的主要内容

用户可以通过电子邮件的主题了解电子邮件的主要内容，然后决定是否打开电子邮件进行详细阅读。即使用户没有打开电子邮件，但最重要的信息已通过电子邮件主题传达给用户。

2. 体现对用户的价值

具有独特价值的品牌信息在电子邮件主题中显示，即使用户没有阅读电子邮件也会对营销产生积极影响。

3. 体现品牌或产品的信息

用户对发件人的信任也应通过电子邮件主题进一步增强，企业可以通过扩大电子邮件主题空间来推广品牌。因此，电子邮件主题必须反映完整的品牌或产品信息，尤其是当用户对企业品牌的信任度不高时。

4. 含有丰富的关键词

有些用户在收到电子邮件后不一定会立即用到电子邮件的内容，他们可能在收到邮件一段时间后想起收到了所需的信息。因此，电子邮件的主题应包括丰富的关键词以增强用户的印象，同时增加用户在收件箱中搜索电子邮件时找到它们的可能性。

5. 不宜过于简单或过于复杂

主题中的单词数量没有严格的限制标准，一直在合理的限度内。这可以使电子邮件的默认主题行中显示有价值的信息。通常，电子邮件主题应在汉字8到20个字符的范围内。

（二）电子邮件内容

电子邮件内容的质量是电子邮件营销成功的关键。电子邮件的内容大致可分为两种类型：一种是解释可以为用户解决的问题；另一种是网站的引导，用简单而有吸引力的文字，刺激用户产生购买行为。因此，电子邮件内容设计是基于对用户需求的透彻理解，是用户最感兴趣的内容。此外，电子邮件内容应清晰显示，包括产品信息、促销和活动截止日期。这些是直接影响电子邮件转换率的重要因素。

电子邮件营销的方式随着互联网行业的变化而不断变化。企业要通过电子邮件营销有效地维护用户关系，增加用户重复购买的可能性。对于跨境电商行业而言，在塑造企业品牌形象和保持与用户的持续沟通方面，电子邮件营销可以帮助企业实现用户的良好体验。

（三）电子邮件创意

在日常电子邮件营销中，如何使用产品资源（如节日、文化、热点和其他资源因素）来创建刺激用户需求、吸引用户眼球的电子邮件，可以不时地发送一些电子邮件，亚马逊的全球畅销清单、京东情人节定制鲜花邮件都是非常有创意的想法。

（四）电子邮件效果

电子邮件营销的有效性可以通过开放率、点击率和转化率等统计数据来衡量。

1. 开放率

对于电子邮件营销而言，较高的电子邮件开放率可以产生更大的回报。影响电子邮件开放率的主要因素有三个：电子邮件与用户的相关性、电子邮件主题以及电子邮件是否可以按时交付。对不同的用户和不同的细分市场设计不同的主题，为用户提供价值，可提高开放式电子邮件营销的速度。电子邮件标题中的品牌标识增强收件人打开它的信心。在通常情况下，可以通过设置电子邮件的回执或使用第三方电子邮件来检查已发送的电子邮件是否已被对方打开。

2. 点击率

点击率是所有电子邮件营销人员非常重要的跟踪指标，可以用来计算对电子邮件内容感兴趣的用户数量，并统计想要了解有关该品牌更多信息的用户数据。点击率包含在开放率中，首先要确保较高的开放率，才会有更高的点击率。通过分析用户数据，向用户推送个性化电子邮件可以有效地提高电子邮件的点击率。

3. 转化率

电子邮件营销转化率是一个统计周期内完成的转化次数与促销消息的总点击次数之比。电子邮件营销是使电子邮件收件人在点击电子邮件后转化为实际行为。提高网站转化率是衡量电子邮件营销是否成功的参数。电子邮件内容包括产品信息、促销和活动截止日期等，这些是直接影响电子邮件转化率的重要因素。

中国的跨境电商行业预计将在中欧、东欧、拉丁美洲、中东和非洲取得重大的飞跃。跨境电商也将进入激烈竞争的黄金时代。想要获得相对竞争优势，只有增强跨境电商的电子邮件营销能力，进行更加细化的管理。如何确保电子邮件投递的数量和质量，如何创建适合国外个人用户的定制电子邮件模板，如何定制产品推广、产品促销、消费者关怀、售后服务，如何促使用户继续访问网站，如何维护用户关系、提高用户忠诚度和重复购买率等，是中国跨境电商营销赢得海外市场的关键。

二、搜索引擎营销

搜索引擎营销已经从免费启动模式发展到今天的收费模式，并已成为促进企业市场发展的强大引擎。

（一）搜索引擎营销的定义

搜索引擎营销是一种在线营销模式，旨在通过对搜索引擎返回的结果进行排名来推广网站，提高知名度并获得更好的促销效果。简而言之，搜索引擎营销基于搜索引擎在线营销，根据用户的使用习惯，在检索信息时尽可能多地向目标用户发送营销信息。

（二）搜索引擎营销的策略

关键词选择非常重要，因为用户主要通过在搜索引擎中搜索关键词来搜集相关信息。从企业营销传播和用户需求的角度上来看，我们需要选择涵盖业务各个方面的关键词，还需要选择突出核心业务、核心产品和企业核心竞争力的关键词。由于个人特征和需求定位的差异，对相同类型产品需求的消费者会具有不同的搜索术语和注意力分布。

一是从用户需求出发来选择关键词。因为用户并不关心企业的产品，只关注自己需要什么。

二是以用户为导向。站在用户的角度考虑，如果用户有这方面的需求他们会如何表达。

三是线索导向。如果用户隐约知晓产品的相关信息，他们会怎么进行企业搜索。

四是专业性。要符合专业或者行业规范的用词习惯。

五是相关性。从用户需求和专业角度来考虑产品使用过程的相关性。因此，设置符合用户搜索习惯的关键词非常重要。

六是参考企业过去的数据。企业可以分析关键词匹配、点击率、点击费用以及过去搜索引擎投放数据中的网页转换率，然后通过组合和优化来考虑选取哪些关键词。

七是通过监控竞争对手的网页，企业可以监控其关键词的设置，然后进行关键词的选择，并对关键词优先级进行分类。

三、社交媒体营销

社交媒体（也称为社会化媒体），它指的是一个工具平台，人们能够相互分享、评估、讨论和交流。在这些社交平台上，人们可以积极参与主题分享、发布行业观点、解决行业问题，让更多行业人士成为其粉丝。社交媒体主要指的是具有网络属性的综合网站，其内容是由用户自愿提供的，而不是直接的工作关系，它需要社会思想，而不是传统思维。社交媒体的兴起是近年来互联网的发展趋势。随着 Facebook 和 Twitter 等社交平台的繁荣，企业开始进入一个互动的、以关系为导向的营销时代。无论是国外 Facebook、Twitter，还是国内的博客、微博，都彻底改变了人们的生活，并引领人们进入社交网络时代。

（一）社交媒体营销的含义

社交媒体营销有两个含义：一个是媒体营销本身，另一个是一家企业利用这种媒介推销自己的产品。跨境电商社交媒体营销主要指第二种，利用社交媒体营销推广产品。使用在线社交媒体进行营销具有低成本的优势、针对客户的能力、强大的互动性、完整的信息反馈等，受到许多跨境电商的喜爱。

（二）社交媒体平台的选择

社交媒体平台有很多，但每个社交媒体平台都有自己的特点。在选择社交媒体平台时，跨境电商应该考虑多种因素，选择集中在一个或几个平台上。

1. 要定位产品的所属行业

平台多样化，企业能够展示的内容也会多样化，由此企业可以接触到更多的客户，并使客户共享的内容多样化。企业必须确定内容类型，然后根据内容类型选择合适的平台。如果是文字或图形和文字的组合产品，如 3C 电子产品，更适合选择 Twitter，因为他们可以在该平台上显示他们的文本，引导客户访问他们的网站。如果产品可以用图片来表现其优势，适合选择主要基于图片的跨境电商社交媒体平台。

2. 要充分考虑产品的目标受众

对于跨境电商而言，无论使用何种促销工具，定义目标受众都很重要。社交媒体的选择也取决于目标受众的偏好，因此考虑用哪些社交媒体取决于目标受众喜欢的平台。如果选择目标受众根本不使用的平台，那么在这个平台上活跃是没有任何意义的。例如，如果产品目标受众是老年人，那么潮流的社交媒体并不适合他们，在这种平台上推广产品产生不了卖点。

3. 大型的社交媒体平台并不是唯一选择

众所周知，世界上最著名的社交媒体平台是 Facebook、Twitter 等。这些著名的社交媒体平台是跨境电商社交媒体营销的主要市场。但是，在实际运营中，其他平台的优势也不容忽视。由于用户属性集中，一些小众网站，如本地社交网站或论坛，更有可能成为推广的目标，且竞争相对不那么激烈。适合互联网时代跨境电商产品的社交媒体营销平台实际上非常多，因此跨境电商不应忽视小众平台，小众平台的定位通常较为精准，可能是某个产品领域的专业平台。

（三）社交媒体营销的策略

1. 精准定位

企业应该了解他们的定位和目标群体。不同的社交媒体平台具有不同的客户特征。企业要根据自己的定位和客户特征来判断和选择适合的社交媒体平台。客户群所在之处，就是企业的所在之处。因为社交媒体具有强大的互动能力，一个人参与的活动越多，记忆就越深。所以整合内容营销和社交媒体举措，确立目标受众，然后围绕目标受众提供对其有价值的内容。

2. 内容为本

在社交媒体营销的概念下，营销的内容变得越来越重要。无论社交媒体如何发展，营销内容的策划是最主要的。从各种门户网站发布的信息受欢迎的程度上来看，没有良好内容的信息不会被分享和转发，而好的内容会更广泛地传播。内容要拥有足够的创意点。社交媒体活动成功的最基本原则是内容的互动性和内容的真实性。因此，企业社交媒体信息必须真实，企业与客户就内容产生互动，分享有用的信息，提供一站式的客户服务。企业如果能够为客户提供真实有价值的信息，客户将保持忠诚度，企业最终获得良好的口碑，这就是社交媒体带来的实实在在的好处。

3. 整合营销

社交媒体营销并不像想象的那么容易，单纯的建立账户和发送新闻是不够的。从建立账户矩阵、内容规划、建立互动反馈机制到公关危机，企业都需要详细分析和规划。通过详细分析和规划，使品牌定位和社交媒体平台选择符合企业的品牌特征。社交媒体的价值是其具有互动性，这在品牌影响力和口碑中得以体现。互动有两面性，正面的互动可以提高品牌价值，但负面的互动只会降低品牌价值。如何引导正面的互动和控制负面的互动是社交媒体营销的永恒话题。大多数企业很难对此做到十分完美，即使知名企业也不可避免地会犯错误。因此，社交媒体营销只是一种辅助手段，它不能独立支持品牌打造和品牌推广，需要配合系统的营销管理系统，形成全面的营销策略，并长期维护才能为企业带来价值。

4. 数据监测

实时监控和定期数据分析非常重要。企业需要有为其服务的相应的监控机制，以此来分析目标人物和话题：在社交媒体上提到自己的客户有哪些？他们对品牌的评价是什么？谁最关心自己，这些人是否有消费需求？企业需要对这些内容进行查找和回馈。社交媒体营销提供的数据一般是转载量、评论量、搜索量，但质量和效果却难以监测和确定。因此，定期总结报告是推动企业社交媒体营销发展的关键。互联网信息不断变化，企业的营销策略也必须进行相应调整，企业必须运用监控反馈机制或利用一些技术手段实现产品的精准营销。

第六章　大数据背景下的跨境电商营销

随着大数据时代到来，跨境电商赶上了发展机遇。本章从第三方平台营销，设计媒体营销，内容营销，视频、直播营销这四个方面，来解析大数据背景下的跨境电商营销策略。

第一节　大数据背景下的第三方平台营销

一、第三方平台营销的模式与现状

进驻跨境电商第三方平台仍然是目前中国跨境电商把产品销往海外的主要渠道。主流第三方平台在全球范围内拥有比较完善的物流服务体系，还有流量、支付服务等优势，跨境电商可以节省很大一笔费用，如网站搭建成本，并可以快速切入目标市场。

目前，这样的第三方平台主要有两种模式：一种是跨境电商第三方平台B2B模式，包括阿里巴巴国际站、环球资源网、中国制造网、敦煌网；另一种是跨境电商第三方平台B2C模式，包括全球速卖通、亚马逊、Wish、eBay。

近年来，这些开放的第三方平台陆续制定了一些新规则，把入驻门槛提高了。因为之前低门槛的入驻条件，大批卖家入驻，导致平台内部聚集了大量的卖家，加剧了竞争，平台内部红海市场趋势越发凸显。因此，平台现在慢慢提高了企业的入驻门槛，一方面是有意把部分不符合平台限制条件的卖家拒之门外，另一方面是控制平台内部竞争程度，减缓平台内部红海市场的发展趋势。

例如，全球速卖通规定所有卖家必须以企业身份入驻，不再允许个体卖家入驻；eBay也在不断更新规则，规定入驻卖家必须持有营业执照与法人身份证，方能入驻；亚马逊也将流量和展示机会向企业卖家倾斜。

总体来看，跨境电商第三方平台逐渐严格化、规范化，平台的流量资源越来越向有实力的企业卖家倾斜。所以说，对很多中小型跨境电商来说，不是满足平台入驻条件就具有优势了，还需要具有一定的实力，如平台运营、产品开发设计、品牌塑造能力等。这也是入驻第三方跨境电商平台的卖家越来越多地选择代运营服务的原因。而经营独立网站，其实也是跨境电商未来营销的一个选择，就像前面说到的，虽然经营独立网站需要投入建站成本，但是少了一些条条框框的规则限制，还能省去中间诸多环节和费用，经营独立网站对树立独特的品牌形象更具优势，能够避开竞争激烈的红海市场，开拓真正属于产品的蓝海市场；至于在数据资源、营销能力方面，其实可以借助跨境生态链条中跨境电商服务商的大数据资源、专业营销能力等，实现独立自主出海。

二、大数据背景下第三方平台营销的策略

（一）多平台组合打配合战

在跨境电商领域，有的企业选择一个单一的第三方平台，通过深耕细作，运营技巧越来越娴熟，取得很好的成绩。这确实是一个不错的策略，不过目前平台规则是多变的，各个平台又有不同的规则。产品在单一的第三方平台销售也有其缺点，一旦这个平台出现问题，那么之前产品在这个平台上积累的优势就荡然无存了，而在其他平台又没有账户和经验。

跨境电商不仅要有好的平台营销技巧，平台策略也要做好。多平台组合打配合战是一个明智的选择。平台包括第三方平台和独立网站。如果有能力，可以联合运营两个左右的第三方平台，再配合运营一个自己的独立网站。这样的平台策略可以充分利用第三方平台各自的优势，假如是跨境 B2C 卖家，选择了两个第三方平台，如亚马逊、全球速卖通，亚马逊主攻欧美市场，全球速卖通主攻新兴市场，这样配合就可以开拓不同的市场。再加上独立网站，并采用专业数据分析工具，为独立网站定位一个最佳蓝海市场，来提高营销的精准性。

（二）掌握营销技巧突破重围

在第三方平台上销售产品，竞争激烈、比价严重、利润低、平台规则多变，考验跨境电商的第三方平台营销能力与技巧。下面分享的这些技巧，希望能够帮助跨境电商提高营销能力。

1. 注重图片的清、美、真

图片是目前产品展示的主要方式之一。第一，上传到第三方平台的图片一定要清晰，图片清晰是最基本的要求；第二，图片要美，美的图片更能吸引客户的眼球；第三，图片要真，反映真实产品，切忌盗图，避免知识产权纠纷，如果是代理商，要取得代理权。

2. 及时更新产品信息

我们都知道，在第三方平台上，付费推广的产品或店铺通常占据了搜索结果的前几位。那些没有进行付费推广的产品或店铺就要定期更新产品信息，保持店铺动态化，优化排名。当然，具体还要根据各个平台的特点，把握产品信息更新的技巧和频率。另外，店铺特别要注意有些平台可能在产品信息更新的时候，会将该产品的权重进行重置。

3. 注重提升客户服务水平

第三方平台流量很大，竞争也激烈，客户是同行争相抢夺的对象，而客户咨询是不定期而又比较频繁的，因此，卖家要在第一时间回复客户的咨询信息，并且注重服务态度的提升，避免客户因为卖家沟通效率低、服务差而流向竞争对手。

4. 产品标题或描述要突出自己的特色

在第三方平台上，同质化比较严重，没有特色的产品，被客户注意到的概率非常低，无论是产品属性，还是价格，都应该突出自己的特色。卖家可以利用长尾关键词，设置描述产品特色的词语。有的卖家会根据销量好的产品标题设置关键词，这其实是一个可借鉴的方法，在借鉴的基础上加上自己的特色，效果会更好。

5. 善于利用平台数据统计工具

第三方平台，如全球速卖通，提供店铺数据分析，通过数据分析店铺经营情况，以及在一定时间段内的变化情况，通过分析对比，发现店铺存在的不足之处，有利于卖家根据问题点，采取有效的措施去改善，还可以通过数据分析，研究目标市场的文化审美偏好，做好产品、品牌的文字、图片、视频等内容，以使卖家更好地经营店铺。

第二节 大数据背景下的社交媒体营销

一、从数据视角看社交媒体营销的重要性

据有关数据统计，在全球社交媒体用户中，平均每个用户每天花费 2.4 小时参与社交媒体的各种活动。企业通过社交媒体宣传产品、品牌已经是一种常态。社交媒体有着强大的营销潜力，很多企业纷纷布局各自的社交媒体营销体系，跨境电商也不例外。

有关数据显示，2017 年，全球各种社交媒体的总的用户规模为 30.28 亿人，而全世界的人口总量目前也只有 75 亿人，这意味着全世界有四成的人口在使用社交媒体。而 2016 年全球社交媒体用户有 23.1 亿人，相当于全球人口的 31%。可以看出，全球社交媒体用户数在不断增长。

Facebook 仍然是全球大部分国家最受欢迎的社交媒体，像照片墙（Instagram）这样的新兴社交媒体也在迅速流行。

目前，国际主流的社交媒体主要有 Facebook、Twitter、油管（YouTube）、拼趣（Pinterest）、VK（VKontakte）、Instagram 等。

（一）Facebook

Facebook 创立于 2004 年 2 月，是美国的一个社交网络服务网站，也是全球排名领先的社交网站。截至 2017 年 8 月，Facebook 月活跃用户数已超 20 亿。

（二）Twitter

Twitter 成立于 2006 年 3 月，是一家美国社交网络及微博客服务的网站，是全球访问量最大的十个网站之一。截至 2017 年 6 月，Twitter 月活跃用户数为 3.28 亿。

（三）YouTube

YouTube 注册于 2005 年 2 月，是世界上最大的视频网站，为全球成千上万的用户提供高水平的视频上传、分发、展示、浏览服务。YouTube 高管对外宣布，截至 2017 年 6 月份，YouTube 的月活跃用户超过了 15 亿人，平均每位用户每天观看 YouTube 视频的时长是 1 小时。

（四）Pinterest

Pinterest 创办于 2010 年，是一个图片社交平台，堪称图片版的 Twitter。

在 Pinterest 上看图片，用户无须翻页，因为 Pinterest 采用瀑布流的形式展现图片内容，新的图片不断自动加载在页面底端，让用户不断地发现新图片。截至 2017 年 4 月，Pinterest 月活跃用户数超过 1.75 亿，其中 60% 的用户来自非美国地区。

（五）VK

VK 成立于 2006 年 9 月，是欧洲最大的社交网站，主要用户分布在俄罗斯、乌克兰、白俄罗斯、阿塞拜疆、哈萨克斯坦、吉尔吉斯斯坦、摩尔多瓦等俄语区。据 2017 年最新数据统计，VK 有超过 2.5 亿验证用户，月均活跃用户数超过 1 亿，每天网页被打开有 15 亿次。

（六）Instagram

Instagram 创建于 2010 年 10 月，是一款运行在移动端上的社交应用程序，以一种快速、美妙和有趣的方式将用户随时抓拍下的图片彼此分享。Instagram 宣布，截至 2017 年 4 月份，其月活跃用户数高达 7 亿。

可以说，社交媒体的应用达到了前所未有的程度，并且还将继续增长，很多企业都意识到了社交媒体营销的重要性。社交媒体给跨境电商提供了新颖的、社交化的营销方式。例如，社交媒体的短视频、图片、交互式的短文字等，不仅更具有视觉冲击力，而且更易于传播并促成交易。

二、用大数据思维影响社交媒体营销

社交媒体已经成为人们日常生活的必备工具，各社交媒体上聚集了海量的用户行为数据信息，包括语音、文字、图像、视频等信息，是用户行为大数据的宝地。谁能够充分利用这些社交媒体大数据，谁就有能力进行社交媒体精准营销。

进行社交媒体营销的跨境电商越来越多，竞争也会越来越大。使用社交媒体大数据挖掘客户的兴趣点，想办法吸引客户，是企业能够在竞争激烈的社交媒体营销环境中取得成功的关键。

（一）分析目标消费群体的社交行为

虽然国际主流社交媒体平台不少，但并不代表跨境电商要在每个社交媒体平台上都进行营销。企业要提高营销精准性，必须对目标消费群体的社交行为大数据进行分析，分析自己的目标受众主要聚集在哪个或哪些社交媒体上，分析目标受众喜欢看什么样的内容，分析目标受众在社交媒体上的活动时间等。例如，企业目标市场是美国，目标消费群体是女性，就必须对美国女性的社交行为进行分析。有数据显示，44%的美国女性都在使用Pinterest这个平台。所以，Pinterest就是企业进行社交媒体营销的重要渠道。

（二）让企业形象在社交媒体上是完美的

现在的社交媒体有企业账户与个人账户之分。企业在社交媒体上以企业用户形式存在，必须要体现出企业完美的形象。首先，要保证企业在社交媒体上的信息是完善的，包括简介、地址、邮箱等。其次，要使企业在社交媒体上的形象是完美的，就要从文字、图片、视频等方面保证企业展示给客户的是一个有内涵、有故事、有态度、有专业度的形象。

通过个人社交媒体账号塑造人物，同样也有成功的例子，如企业创始人。

（三）让企业品牌基调在社交媒体上是独特和稳定的

在进行规模化社交媒体营销之前，必须明确企业要给客户传递一种什么样的品牌价值观和理念，并且是以一种什么样的风格基调向客户宣传企业独特的品牌与产品。

一旦确定就需要在之后的社交媒体营销活动中，长期保持稳定的品牌形象。

稳定的品牌价值观和理念，有助于培养客户对品牌慢慢沉淀，形成一种依赖、一种习惯，甚至是对品牌的信任与忠诚。

（四）精心制作营销内容

内容是跨境电商进行社交媒体营销的灵魂之所在，是企业用以展示产品、企业形象、品牌价值观等的介质，既要能够展示企业的独特之处，又要足以吸引客户眼球。因此，营销内容的制作是企业社交媒体营销的关键环节。

除了YouTube的短视频营销外，其他的主流社交媒体营销内容一般就是图片和文字形式。根据数据分析统计，企业社交媒体营销内容大部分都包含有图片，而且图片在传播速度与传播力度方面远高于纯文字，因此图片的优化是企业社交媒体营销的重要一环。值得一提的是，每个社交媒体对图片有不同的尺寸要求。

无论是文字、图片还是视频，营销内容的制作可以借助这几个技巧：

①借助节日内容；

②借助社会行业热点内容；

③借助名人热点内容。

（五）形成精准的营销策略

形成精准的营销策略，尤其是要明确营销内容的形式、发布时间、发布数量、发布频率、针对人群等。精准的营销策略是建立在用户社交行为习惯基础之上的，只有根据社交媒体用户行为大数据分析结果，挖掘用户的社交行为习惯，才能够形成精准的营销策略，提高产品被关注和被喜欢的概率，提高营销转化率。

根据数据分析，在发布时间上，各社交媒体平台用户的最佳活跃时间是不一样的（表6-2-1）。

表 6-2-1　各社交媒体平台用户的最佳活跃时间

社交媒体	最佳活跃时间	最佳活跃天
Facebook	最多分享：13：00； 最多阅读及点赞：15：00； 获得用户反馈：9：00~19：00	周四、周五的用户参与比例比其他时间多 3.5%
Twitter	最多阅读：12：00、13：00、18：00 （时区根据目标市场变动）； 最多分享：17：00	周三、周六、周日为活跃天，能够获得更高的用户参与度和点击率
TouTube	用户平均每天观看 1 小时视频，观看时间多为 20：00~23：00 的闲暇时段	周六、周日为活跃天
Pinterest	适合发布的时间：20：00~23：00 （时区根据目标市场变动）； 用户活跃高峰期：21：00	最佳活跃天为周六，各大时尚品牌及各零售店发布的最佳时间为周五15：00
Instagram	最佳活跃时间段、最多阅读和分享：15：00~16：00（时区根据目标市场变动）	一周七天几乎都是活跃天，就变化曲线而言，周一最为活跃，周日相对较弱

内容应该合理搭配，可以参考以下搭配技巧：

①首先确定一个符合主体风格的原创内容，可以快速复制并运用到各社交媒体平台上；

②配合转发产品买家秀或社会热点事件，规划好时间点与发布频率；

③在内容形式上可以穿插使用图片、图片＋文字或者视频等，也就是确定在某个时间段内，在哪个时间点发布哪种形式的内容。

（六）积极与粉丝互动

跨境电商进行社交媒体营销，判断营销效果的指标，除了有店铺或者网站的流量和转化率情况以外，还有社交媒体上粉丝的响应情况。

对于社交媒体上粉丝的留言、评论、转发等，企业要及时做出相应的反馈，回复粉丝留言，根据粉丝评论做适当的营销行为调整，或者为了感谢粉丝转发而定期设置优惠、抽奖活动等。总之要积极与粉丝互动，保持品牌的活跃度，这也是拉近品牌与粉丝距离的有效方式。

（七）不断优化调整营销策略

随着时间的推移，营销内容和行为活动不断增加，这其中积累了非常多的有价值的数据信息。跨境电商要善于结合运用社交媒体后台的数据分析工具，获取回复、评论、点赞、转发等数据信息，并结合自己的观察、数据统计，分析不同形式的营销内容对客户的吸引度、内容的最佳发布时间与频率、可改进点等。

根据数据分析结果，企业要对营销策略进行调整，同时也要根据新的流行趋势与热点进行创新，经过一段时间的实施后，再进行数据分析，不断调整完善。如此循环优化，才能使企业营销活动长期保持良好的效果。

第三节　大数据背景下的内容营销

一、做好内容营销——让客户主动找上企业

有研究调查发现，93% 的 B2B 企业表示，相比传统广告营销，内容营销能吸引更多的潜在客户，75% 的营销人员表示见证了内容营销的良好效果，56% 的营销人员表示个性化的内容有助于提高企业的吸引力和与客户的互动性。

说到内容营销，很多人还是会认为内容营销就是借助文字、图片、视频等对产品或品牌进行推广、曝光，这仅仅是对内容营销比较浅显的理解。内容营销是通过有价值的、与客户有关联的、持续性的内容来吸引客户，让客户对企业的产品或者品牌产生认同感，自发传播内容，让更多的客户被内容吸引，主动寻求企业的产品，更进一步是让客户对企业的品牌产生信任与依赖感，成为

品牌长期忠实的客户。所以，企业做内容营销最直接的三个目的：获取流量、培养潜在客户、转化客户促成销售。

与其他的营销方式不同，内容营销具有自己的特点：

①内容营销不是简单地向客户展示产品或服务，而是向客户提供解决问题的方案，实实在在地帮助客户解决问题；

②内容营销不像其他促销广告一样打价格战，而是给客户搭建一个有温度的、感性的购物场景，向客户传递有价值的内容；

③内容营销刺激客户的分享是贯穿整个过程的，而不是像传统营销方式那样，客户经过体验之后才有可能分享产品或品牌；

④内容营销的传播渠道，可以是企业自身官网，也可以是各社交媒体平台，还可以是其他能够展示内容的渠道，适用范围广，传播成本相对较低。

二、内容营销——内容是灵魂

内容营销，内容是灵魂，好的内容，自带传播功能。

（一）内容从哪里来

做内容营销，内容是成功的关键。企业做内容营销，可通过三个途径获得内容。

①品牌生产内容。这是企业自己生产内容，生产产品的同时也生产内容，用内容来辅助做产品营销。例如，杜蕾斯公司生产产品，也为客户提供新颖、有价值、娱乐性的内容，达到营销产品的效果。

②用户生产内容。内容由用户在使用了产品或服务后，自己原创生产。每一个体验过产品或服务，又或者认识某品牌的用户，都可以生产内容：留言、评论、反馈意见、研究分析、特别感想等。

③专业生产内容。企业凭借专业生产内容的第三方代理提供的外部内容，为更多的用户提供与品牌有关的内容。

（二）如何做好内容

跨境电商企业做内容营销，虽然可以借助用户生产内容以及专业生产内容，但更多的是依靠品牌自己生产内容。跨境电商如何做好内容？

1. 介绍好产品和品牌

产品和品牌是企业内容营销的重点，讲好自己的故事，让更多的人知道企业的产品能够解决什么问题，了解企业的品牌理念是什么，使用企业的产品能够带来什么价值。例如，现在很多婴幼儿奶粉的营销内容就会展示产品是如何提取营养成分、如何加工而成的，让消费者充分了解产品，从而更容易对品牌产生信任感。

此外，为产品和品牌加入多元化内容，可以是目标市场热点新闻，也可以是目标群体关注的特定内容。例如，婴幼儿奶粉的营销内容可以增加育儿技巧、婴幼儿辅食制作技巧等内容。

2. 争取做行业内的权威专家

站在行业专家的角度，通过内容营销，告诉消费者产品该怎么买、怎么用，真正解决消费者最关心的问题，让消费者觉得最可靠、最可信。例如，化妆品品牌欧莱雅通过图文内容、视频内容等向消费者提供美妆教程，塑造行业专家形象。

3. 成为消费者的一种生活方式

让产品成为消费者生活当中的一种生活方式，影响消费者的生活，让消费者主动传播，而不是依靠大规模的广告投放，如LV推出的《城市指南》系列图书。

三、如何利用大数据做好内容营销

（一）做好内容营销的前提条件

第一，能够在一定时间内聚集帮助传播的基础粉丝。如果没有办法将内容传播出去，内容营销就无从谈起了。

第二，能够持续不断生产符合粉丝需求的优质内容。这就要求跨境电商有专业的内容生产团队，并善于运用用户生产的原创内容。不管是谁生产的内容，都要合理结合目标市场热点事件，以更好地迎合客户的兴趣点。

第三，策划粉丝变现模式。最终目的是要将通过内容营销获取的粉丝转换成真正的客户。因此，在进行内容营销之前，企业要预先策划好一个切实可行的变现模式。

（二）做好内容营销的技巧

第一，合理利用传播渠道。内容生产出来必须要依靠各种渠道传播出去。海外主流的社交媒体平台有 Facebook、Twitter 等，还有第三方平台的营销工具如亚马逊等。渠道很多，但并不是要求跨境电商将内容放到所有的渠道上传播，这样工作量非常大，且不切实际。因此，要利用市场大数据，分析目标受众在哪些渠道上更活跃，哪些渠道是哪些群体喜欢的。清楚了解各渠道的用户特征，是选出高效的内容传播渠道的前提条件。

第二，合理安排内容展示形式。不同的渠道有不同的内容展示形式，在内容展示上具有差异。例如，社交媒体平台 Facebook 和 YouTube 在内容展示上，Facebook 是图文＋视频等多种内容形式，而 YouTube 则主要是以视频为主的内容展示形式。企业要利用渠道大数据分析各渠道的内容展示特点，根据目标渠道的内容特征，采用最合适的内容展示形式。

第三，鼓励客户参与互动。内容营销仅仅是输出内容，没有客户的参与互动，很难起到营销裂变的效果，转化就更难了。因此，在营销过程中，企业要设置与客户互动，使客户参与内容制作或传播的环节，增加活跃度。值得注意的是，企业要根据目标市场大数据分析客户的行为习惯，选择合适的互动方式，只有客户接受、认可的互动方式，才能调动他们的参与热情。

第四，打造人格化的品牌形象。内容营销可以为品牌打造一个人格化的形象，让品牌像人一样有脾气、有个性、有情感、有气场，拉近品牌与客户之间的距离，使品牌更容易获得客户的喜爱。

第五，利用故事打动客户。内容可以根据渠道内容特征采用图文、视频，或纯图片等形式，但无论哪种形式，都可以以故事的方式传播。企业通过大数据进行分析，塑造出自己独特的品牌故事。一个真实的、自然的故事，更能引发客户的共鸣。例如，香奈儿品牌在手包中融入了香奈儿女士自己成长的故事。

第六，强化客户的品牌标签。强化客户的品牌标签，就是通过内容向客户传达产品将赋予客户一种什么样的身份标签。比如，某一品牌的服装走的是青年文艺风，穿这个品牌服装的客户给人一种文艺青年的感觉。通过大数据对客户进行分析，强化客户的品牌标签，精准化目标客户，才能塑造自己独特的品牌形象。

第七，借助热点，快速吸引流量。热点是一个自动吸引流量的 IP，企业要善于利用与自身行业有关的热点做内容营销，快速获取热点带来的客户流量。这是一个非常有效的方式。

第八，巧用娱乐性内容传播。娱乐是人们生活中非常重要的一部分，娱乐内容很容易刺激人们的分享与传播行为，从而实现传播裂变。值得注意的是，娱乐内容并不完全是负面的或无价值的，其他可以是正面的、积极的、有价值的。企业要通过目标客户大数据分析了解客户，定制客户喜爱的并能引发大规模传播的内容。

第九，设计半内容创作模板，邀请客户参与内容创作。企业可通过设计一个能够被重复、大规模利用的半内容创作模板，利用模板的个性化，邀请客户参与内容创作与传播。在实现客户娱乐性的同时，增强品牌与客户之间的互动，达到品牌自传播的目的。

第十，结合大数据，让内容营销更具有体验感和人情味。在内容营销前，企业要利用大数据分析客户的行为习惯，做出更符合客户需求的内容、更受客户喜爱的营销活动；在内容营销过程中，企业要利用积累的数据，分析营销内容、营销活动的效果，并进一步了解客户，根据分析结果不断完善与改进，使品牌内容营销更具有人情味，给客户更好的体验。

第四节　大数据背景下的短视频、直播营销

一、抓住短视频、直播风口做营销

现在在Facebook、YouTube等社交媒体平台上，随处可以看到短视频的影子，直播也不例外。据数据统计，在Facebook和YouTube上，每天有70多亿个视频被观看。

在快节奏、高压力的生活、工作环境中，短视频以轻松、愉快、形象的方式向人们展示信息，这是短视频和直播受欢迎的重要原因。据有关数据统计，有68%的YouTube用户观看了视频后做出了购买决定。在短视频和直播如此火热的形势下，视频、直播成了企业营销的重要方式，即使10秒的动画也可以提高销量。阿里巴巴集团等都在积极迎接短视频营销的浪潮，开放视频展示功能。

短视频、直播可以体现一种有趣、形象、场景化的营销效果，越来越多的企业想要抓住这个机遇，借助短视频、直播将自己的品牌推向消费者的焦点区。然而，如何做好短视频、直播营销，却是跨境电商要面对的一个不可小觑的挑战。

二、利用短视频、直播更形象地向客户展示品牌形象

短视频可以为企业提供一种创新的、直观的品牌营销方式，那么跨境电商如何利用好短视频、直播展示品牌形象？

（一）展示品牌形象

通过赋予了某种理念、情感、价值观的短视频或直播，利用声音、画面、文字，全方位、立体式向客户诉说品牌故事，让客户更好地理解和认识品牌。

（二）展示生产流程

通过短视频或直播的方式，向客户展示产品的生产过程、生产工艺、卫生环境等，让客户如亲眼所见，拉近了品牌与客户之间的距离，也增加了产品的说服力以及客户对品牌的信任度。

（三）展示开箱体验

对于一些特殊的产品，如价值比较高的高科技电子产品，利用短视频或直播展示产品从一个密封的盒子中拿出。

（四）展示产品物流装箱过程

对于一些需要特殊包装或装箱的产品，如易碎的古玩、陶瓷用品，客户可能看到产品物流装箱的真实过程，才对企业的承诺更放心。利用短视频或直播可向客户展示产品精细的包装、放心的物流运输，以及可靠的质量。这类视频如果是来自客户的反馈，传播效果更好。

此外，对于一些容易因为装箱操作失误导致产品损坏的误会，利用物流装箱短视频或直播做证，就很容易消除误会。

（五）展示产品性能测试

客户对产品描述中的性能难免会持有怀疑的态度。例如，很多人应该都看过在网上流行的"老外调侃中国防弹板质量"的视频，出口防弹板的企业如果仅用图片、文字描述产品的防弹效果有多厉害，可能很难让客户信服，但用短视频直观演示产品的防弹性能，效果如何，一看就知道。

（六）展示产品空间效果

如家居产品，要展示空间如何经过家居产品布置，以及整个布置过程的变化情况等，通过短视频或直播就能直观、立体、高效地展示出来。

这样的短视频能够引发客户的遐想，以及对置身空间的憧憬，很容易激发客户的购买欲。

（七）展示产品操作流程

产品的操作流程使用短视频或直播的展示形式比图文形式更具易学、易理解、易模仿的特性，对一些专业机械设备或操作复杂的产品，具有非常好的辅助销售作用。

有一些客户可能因为不懂得使用某些产品，产品购买的决心不坚定或是放弃购买，如果有短视频或直播直观展示产品操作流程，客户看完后发现其实没有那么复杂，消除了操作障碍，购买的决心也就坚定了很多。

（八）展示新旧产品使用效果的对比情况

产品更新换代是必然的事，新旧产品之间的对比能够让客户对新产品的理解更透彻。企业推出的新产品一定比旧产品有特别之处，或者比旧产品品质更好。但对于新产品，消费者在不熟悉或未体验过的情况下，通过短视频或直播能够更直观、更形象地进行了解。

新旧产品使用效果的对比，将两个产品放在一个画面中，客户能够通过短视频或直播画面，对新旧产品的区别一目了然，犹如亲眼见证，亲身体验，更容易相信短视频所展示的效果。

三、大数据＋技巧让短视频、直播营销更高效

（一）分析平台数据，选择最合适的传播平台

同样的短视频在不同平台的传播效果不同，各平台之间也会有不一样的目标人群。要对各传播平台相关要素的数据进行有效分析，摸清各个平台之间的传播差异、效果差异、客户群差异等。一个平台是否适合企业的产品营销，主要从以下几个方面去分析。

①平台资源。这包括流量、主要聚集哪些人群等，如 YouTube 上超过 50%用户是女性。2015 年至 2016 年，35 岁以上的成年用户在 YouTube 上观看视频的时间增长了 40%。

②平台能够提供哪些权益和服务。平台提供的权益和服务对营销的影响大，如 YouTube 为用户提供订阅功能，企业就可以引导用户订阅自己的营销视频，促使品牌在用户心中的沉淀。此外，YouTube 还提供短视频观看数据分析工具，企业可以通过数据跟踪分析短视频营销效果。

③营销成本。比如，企业要做付费营销，同样的短视频，同样的费用，在不同的平台会收到什么样的营销效果。

企业可以根据自己的需求、预算，以及消费群体特征，选择最适合自己做短视频营销的平台。

（二）借助网络红人的影响力

Facebook、YouTube 等社交媒体上的网络红人，他们的粉丝和流量都是非常可观的。跨境电商可以与他们合作，在他们的自媒体账号上进行短视频宣传

或者直播。不过，选择网络红人不能单纯考虑他们个人的影响力和粉丝数量，还要通过社交媒体数据分析其粉丝群体的消费能力、审美观、消费偏好等，辨别其粉丝能否发展为企业的潜在客户。

（三）大数据预测＋原创短视频

有质量、有创意、能引起共鸣的视频，才能达到增强品牌影响力的效果。因此，跨境电商要做短视频营销，最好组建专门的短视频、直播团队，也可以与固定的第三方服务团队合作。

此外，与品牌相关的原创短视频更具有吸引力与可信度，因此短视频、直播团队是生产原创短视频的基本配置。原创短视频的生产更关键的是，客户对什么类型的内容更感兴趣？近年大数据的预测能力得到了很大的提升，例如，谷歌能够提前一个月预测电影上映首周的票房收入。谷歌掌握着丰富的客户大数据。企业可以借助谷歌相关的大数据分析工具，预测客户感兴趣的短视频形式，指导短视频创作。

（四）善于运用关键词

短视频如果没有添加标题和描述，搜索引擎是不知道短视频内容是什么的。描述短视频内容可以利用关键词去实现，这有利于搜索引擎抓取到。描述中应该包含主关键词和长尾关键词，以此来增加流量。

标题和描述所用的关键词，除了能够准确描述视频内容外，还应该是近期的热搜词。例如，根据搜索引擎数据分析发现，近期户外运动鞋的搜索热词是"防水户外运动鞋"（某个国家进入了雨季）。这时候与鞋相关的短视频如果用诸如"匡威男士蓝色休闲舒适户外运动鞋"这样的标题可能并不是最好的，因为现在客户对防水运动鞋有更强烈的需求。

（五）添加短视频文本

短视频文本不仅可以辅助客户了解短视频内容，也可以提高搜索排名。部分客户习惯于先了解短视频要演示什么内容才决定是否去观看短视频。部分客户看了短视频之后，对短视频所传达的意思并不是十分理解，需要通过文字描述加深理解。因此，使用短视频文本去展示短视频内容很重要，方便客户了解短视频内容，也方便搜索引擎识别短视频内容。

（六）添加短视频、直播着陆地址

短视频营销的最终结果是引导客户到指定地址购买产品。短视频很吸引人，客户响应热烈，如果没有最终着陆地址，客户就无法找到产品。

如果是大品牌，客户通过品牌名很容易就找到品牌官网或者店铺；假如是中小品牌或是刚打入市场的新品牌，客户就可能因为没办法快速搜索到品牌官网或者店铺而放弃购买。因此，短视频、直播营销要加入短视频、直播的着陆页，引导流量到品牌网站或者店铺上，促成转化。

（七）控制短视频、直播时长

在快节奏的工作、生活、学习环境里，人们的耐心也减少了。过长的视频或直播，客户没有耐心看完，影响了营销效果。跨境电商做短视频、直播营销要合理控制时长，对于某些需要长时间才能完整展示的环节，可以分期展示。分期展示的短视频或直播，在结尾要加上提示语，提示客户下期视频或直播将在什么时候播出，增加客户黏性，也保持短视频或直播的连贯性。通过短视频相关数据可控制短视频时长。在大数据的支撑下，企业可以清晰地了解：客户对具体类型的短视频的关注时长，在短视频开始后的哪一个时刻客户退出率最高，客户会在短视频的哪个环节定格暂停。根据这些分析结果，调整短视频时长，让客户拥有舒适的观看体验。

（八）允许其他网站嵌入短视频

允许其他网站嵌入自己的短视频也是一个有效的营销方式，利用他人的流量与渠道可增加自己的短视频的曝光量。企业要有意识地制作和设置短视频，让短视频在内容上具有分享价值，在传播上具有便利性。

（九）设置互动环节，及时回复客户留言、评论

直播可以很好地实现与客户的互动，短视频也可以设置相应的互动环节，如在短视频中引导客户在观看的同时模仿其中人物的操作或者动作。在这个互动环节中，短视频的播放速度就要比较慢，甚至使用慢动作的播放方式。短视频或直播收到的客户评论、回复，不仅是企业可以用以评估短视频营销效果的数据资源，也是企业与客户互动的机会，因此企业要积极、及时回复客户留言与评论，保持品牌热度。

（十）注重本土化运营

本土化运营主要指在视频制作方面，根据目标市场客户的观看习惯制作短视频，特别是配音，短视频首先要让客户看得懂，才能产生营销效果。最好让目标市场本地人配音，避免出现不专业的表现。

（十一）保持连续性与统一性

短视频营销作为品牌营销推广的一种方式，是一项长期性的工作。跨境电商在开始做短视频营销之前，首先要规划好一个长期的营销策略，同时也要保证在短视频营销过程中展示的内容与品牌理念、价值观保持一致。

（十二）借助特色的视频工具

借助特色工具做短视频、直播营销不仅提升效率，也能提升营销效果。适合跨境电商做短视频、直播营销的工具如下（表6-4-1）。

表 6-4-1　适合跨境电商做短视频、直播营销的工具

工具名称	工具特色
YouTube Video Editor	可以利用 YouTube 视频编辑器创建新视频、剪辑视频，然后可以一键发布到 YouTube 网站。所有上传的视频都会自动添加到视频编辑器上，营销人员能进行在线剪辑，能串联多个视频，添加背景音乐、字幕或其他特效
Facebook Live	一个直播工具，可与观众实时互动，粉丝可接收通知，及时打开直播频道观看直播。通过过滤器，营销人员可选择向哪些粉丝组开通直播
Facebook Slideshow	可以利用 Slideshow 视频生成工具将照片或者视频编辑成连续的视频，并支持加入背景音乐和特效来提升效果
Loopster	一款全功能的在线视频编辑器，用户界面友好，可通过旋转、剪辑、拼接、缩放以及添加声效等方式编辑视频。Loopster 还提供一些高级编辑功能，如泡泡文本
Magisto	简单易用的视频制作工具，能自动将用户的视频剪辑在一起
Wideo	适合制作动画营销视频，素材丰富，操作简单。制作完成后还可以下载，或直接分享到 Facebook、Twitter 等社交媒体上
WeVideo	基于云端的视频协作编辑平台，能提供企业级在线视频快速处理服务

工具名称	工具特色
Periscope	用户可以向其他人直播视频、音频，直播地址可以分享到 Twitter 上，以吸引流量
Animoto	只需要选择好照片、视频、音乐模板，Animoto 就能在短时间内完成视频制作
Adobe Spark	可通过曲库选择背景音乐，插入个人收藏音乐或使用自己的声音，Spark Video 支持视频上传到 Facebook

第七章　跨境电商发展策略及人才培养探究

《中国跨境电商人才研究报告》于 2015 年 6 月，由阿里研究院研究提出，该报告表明：85.9% 的企业认为跨境电商人才缺口较大，人才往往供不应求。而进一步调查也可以发现：在我国的人才构成中，跨境电商领域的人才缺口巨大，缺口大约在 100 ～ 200 万人。我国的跨境电商行业之所以呈现出发展的困窘状态，其中很大一部分原因是跨境电商领域的专业人才匮乏。企业对于人才的渴求程度也会随着跨境电商领域的进一步发展而继续呈现出上升势头。

第一节　跨境电商人才及我国人才发展现状

一、关于跨境电商人才的界定

电子商务以及国际贸易，是跨境电商在现代服务业领域中的两种重要的表现形式。专业能力强、复合性强，是跨境电商人才所具备的两个重要的特点。同时，在自身的学识构成上，跨境电商人才也表现出了深厚的知识素养。他们在通常情况下能够熟练使用一门外语，熟知国际商务礼仪和知识，对于各国的文化也有一定的了解。同时对于海外客户的喜好以及他们的消费理念、网购习惯和消费需求等都了如指掌。跨境电商人才不仅要掌握跨境电商的发展趋势和基本规律，而且要具备很强的营销能力。

（一）跨境电商人才的基本技能及要求

1. 关于素质的要求

首先，对于国家出台的互联网政策和相关法律法规要严格遵守，不能有丝毫违背。同时在网络文明行为和网络文化素养的养成方面，要能够有强烈的自我提升意识，包括保密素养、诚信与信用素养和信息与安全素养等。

其次，在职业素养、科学素养、道德素养和人文素养方面，要有意识地进行自我培养。在网络沟通方面，要具备与人沟通的能力，能够了解客户所需，并且能够进行顺畅交流。

最后，有强烈的团队合作意识，要具有团队精神。在人际交往方面要表现出较强的能力，在遇到任何问题时都能够不慌张且顺利解决。

2. 关于能力的要求

①具备英语的听、说、读、写四种最基本的能力，同时能够独立使用Office软件进行办公，能够使用PPT制作各种类型的幻灯片，能够运用相关的软件制作图片。

②在各种类型的商务活动中，能够迅速以互联网思维进行应对，并且妥善地处理突发事件。

③对市场环境的动向有极其敏锐的感觉，具备较强的跨境电商的业务操作能力。

④对于相关的商务大数据能够及时地分析，并且进行整合。

⑤具有跨文化沟通和管理的能力，具备经营国际企业的能力。

⑥能够将多个学科的知识进行融合，在创业能力、创意能力和创新能力方面具有一定的敏感性。

3. 关于知识的要求

①能够具备信息技术、现代管理和网络经济等方面的理论知识、专业能力和实际经验。

②对高速发展的跨境电商的新兴产业的发展动向了如指掌，对跨境电商的基本理论知识和操作方法能进行举一反三地应用。

③对各国的法律法规、相关准则和惯例做到心中有数，对我国的外贸政策、电商实际情况都十分了解。

④重视技术创新精神，熟知电商相关企业管理的具体知识。对于商业模式下的创新动态，能够做到及时了解。

4. 跨境电商人才必备的技能

一位跨境电商人才至少需要具备以下七个方面的技能。

①运用外语进行交流。在跨境贸易过程中，外语能力是十分必要的。流利的外语，特别是英语，会让整个交流过程事半功倍，也会给对方留下良好的印象。英语作为全球使用范围最广的语言，是每一个跨境电商人才都应该掌握并且经

常练习的。只有在运用英语进行交流和沟通畅通无阻的时候，人才才真正具备了进入跨境电商领域的基本能力。

②熟练掌握贸易实务。对外贸操作流程熟练掌握，是每一个跨境电商人才要具备的能力。在具备通关业务能力的基础上，跨境电商人才还要能够冷静客观地应对各种突发状况，同时能够以自身的交际能力应对包括客户投诉在内的复杂状况。管理和建设企业外贸团队、搭建跨境贸易渠道、迅速提升出口业绩、策划设计企业的国际推广方案，这一系列的贸易实务知识都是需要跨境电商人才所熟悉和掌握的。

③熟知相关行业背景。跨境电商人才对于说明书和广告一类的产品资料要进行积极研讨和记忆，同时对于竞争对手和业内同行的宣传资料等进行有意识地收集整理，分析研究，做到知己知彼，面对任何的情况都能够找到应对的方法。在日常生活中，要对商业、经济和政治等方面的信息多加留心，多阅读销售类的杂志、报纸和书籍，在对相关的政策进行了解的同时，也能够积攒与客户交流的素材。

④对国际营销有一定的了解。对于电商的技巧以及方法，能够做到熟练掌握和应用。例如，将高质量的产品信息发布在阿里巴巴国际站上，研究搜索引擎 SEO 排名提升的方法、提炼关键词的方法和技巧，对询盘转化率进行提升等。这些技巧也是跨境电商人才所需要进行了解的。

⑤严格遵守相关法律法规。在全球贸易范围逐渐扩大的今天，电商的发展规模也在不断地扩大。对于国际贸易体系下的规则、政策以及关税的具体实施细节进行了解，是跨境电商人才所必须做到的。若想在跨境贸易中避免出现侵权的行为，就要对于出口的形势进行更加深入的分析和了解。

⑥对于人文地理有所了解。对于消费者行为、海外贸易、分销体系以及互联网能力进行了解，是跨境电商人才所必须要做到的。而世界各地的风土人情、风俗习惯、购物习惯等都不尽相同，这是由各地的人文习惯和宗教习惯等不同而导致的。因此，跨境电商人才还需要对各地的人文历史和相关文化进行学习。

⑦具有良好的心态。好的心态也是跨境电商人才必备的。好的心态有利于调节紧张工作所导致的压力，同时也可以在与客户沟通的过程中为自己加分，给客户留下良好的印象。同时，跨境电商对于工作也要时时保持较高的热情，在做任何事的时候都要有持之以恒的心态，不要因为一时受挫而出现放弃或气馁的心态。

（二）跨境电商人才的职业素养

1.职业意识要加强

没有规矩不成方圆，各行各业都有自己的规章制度和要求。跨境电商人才在职业意识方面的要求具体表现在以下几个方面。

①要对任何事情都有毅力，同时时刻拥有一颗好奇心，能够对任何事情都赋予不断探索的坚强毅力和勇往直前的勇气。

②能够对任何事情都专注并且坚持，做事不分心。

③思维敏捷且活跃，对新鲜的事物敢于尝试，拥有"互联网+"的思维方式。

2.职业道德需提升

首先，遵守相关的法制原则。严格遵守国家的政策、国家出台的法律法规和各部门的规章制度，这是任何一位跨境电商人才所必须执行的。

其次，拥有诚实守信的品质。不出现虚假发货和虚假交易的不诚信行为，不出现不计后果追求捷径而致使技术手段和便利条件不过关的行为。要及时地兑现相关的服务承诺，合法经营，按时对订单进行操作。这些需要跨境电商人才严格遵循。

最后，严把质量和安全关。关注商品的质量和使用时间，多多留心以确保出售的商品能够在合适的时间内被正常使用。这是跨境电商人才应尽之事。要保证商品不存在危害消费者人身财产安全的情况，要使商品具备其自身应该具有的功能。

二、关于跨境电商人才知识结构和能力的分析

（一）跨境电商人才的层级要求

在外贸企业中进行相关的物流服务和电商运营工作，是目前跨境电商人才主要的工作地点和工作内容。其具体的工作要求包括以下方面。

1.初级岗位要求

知道如何成为一名合格的跨境电商人才，对跨境电商技能熟练掌握，是初级跨境电商人才所必备的。这一岗位具体要求有以下几个方面。

①客户服务方面。熟练掌握至少一门外语，如德语、英语和法语等，以此为依托与客户进行交流。同时能够利用电话和电子邮件等媒介，与客户进行沟通。售后部门的客服人员还要对不同国家的法律有所了解，以确保在出现法律问题、知识产权纠纷问题时能够及时顺利地解决。

②视觉设计方面。能够运用自己的美学素养和相关的美术能力，结合营销手段，拍摄出最合适的商品图片，或对页面进行合适的设计。

③网络推广方面。利用社区营销、搜索引擎优化和大数据分析处理等方法，进行商品的销售和推广。

2. 中级岗位要求

熟悉现代化的商务活动流程，是中级岗位的特点。知道跨境电商人才能够做什么，是跨境电商领域的新型人才需要具备的能力，而跨境电商的管理知识和运营手段也是跨境电商人才需要掌握的。此外，中级岗位的跨境电商人才需要掌握以下几个方面的技能。

①市场运营管理。对当地的消费者的生活习惯和思维方式留心记忆并进行分析，掌握互联网营销的相关推广手段，能够独立对互联网用户的体验观感、商品的具体信息、商业环境数据等方面进行网络化的营销和处理，是跨境电商中级岗位人才在市场运营管理方面应该具备的能力。

②供应链管理。供应链管理的成功是电商平台能够成功的重要原因之一。专业的供应链管理者需要对产品方案制订、产品采购、产品生产、产品运输、产品统计、产品批量出口和产品相关物流配送等一系列环节进行计划和管理。

③国际结算管理。跨境电商人才要能够及时运用自己的综合管理能力，对于贸易领域、商品领域、出口领域和金融领域等方面进行有效的提升和管控，控制企业在结算方面可能会面临的风险，对于国际结算中的各种规则进行灵活地掌握。

3. 高级岗位要求

高级岗位的跨境电商人才需要具有前瞻性的思维，他们通常能够对跨境电商理论中的前沿性理论思维进行及时更新，同时，有计划地对跨境电商的发展规律和各种特点进行分析和反思。其不仅从自身的角度能够明白自己为什么要成为一名跨境电商从业者，而且能够对跨境电商领域的发展进行一种积极引导。其主要的构成包括跨境电商产业发展过程中的领军人物、跨境电商业务中的高级职业经理人等。

在当前的社会发展过程中，包括客服人员、网络推广人员和视觉设计人员在内的一些跨境电商领域的各种人才都是外贸企业所急需的。虽然我国目前的外贸企业依然处于创业的初级阶段，但是伴随着行业的发展和投资规模的扩大，竞争势头也会提升，高级岗位人才在跨境业务领域中也会越来越受到大众的关注。在现代社会中，大型跨境电商管理者，因为有至少3～5年的高级综合性管理经验，以及有能够引导企业实现国际化发展的手段，成为跨境电商领域中最受欢迎和最为抢手的人才。

（二）跨境电商人才的素质要求

1. 专业型人才要求

跨境电商比起传统的国际贸易而言，更加需要一些电商属性明显的人才加入。他们能够在客户服务、产品展示和营销推广方面做出更大的贡献。跨境电商对专业人才在岗位职责方面的要求具体可以表现在以下的几个方面。

①对相关要求进行分析，并且选择相关的人才。在文化习俗、购买习惯等方面进行思考，考虑不同国家的目标客户的不同喜好。跨境电商人才要考虑商品是否有好的销路、是否适合进行大规模的采购，并且在与供货商交易之后建立起长期稳定的合作关系。而怎样设计并生产出与客户的喜好相符的产品，则是制造商要考虑的一个主要的问题。

②人才推广和网站平台组建的要求。懂得外语的超文本预处理器程序员，以及懂得开发语言的前台美工，可以帮助网站进行店铺的装修工作和企业主站的维护工作。包括视频广告制作人员、广告评论人员、图片广告负责人员、外媒公关团队、搜索引擎优化人员、赞助商链接操作者、搜索引擎营销人员在内的一系列工作人员，都可以被称为跨境电商专业人员。他们不仅具备较强的外语交流能力，而且在自己的专业领域内可以独当一面。

③摄影人才和美工人才的要求。在视觉营销方面有一定的研究，具有专业的文字排版能力，可以拍摄出各大社交媒体平台都允许投放的产品图片的人才，均符合摄影人才和美工人才的要求。

④客服人才的要求。能够熟练掌握包括英语、俄语、法语和德语在内的至少一门外语，对于阿拉伯语等小语种有所研究的具有语言天赋的人才。在通常情况下，客服人员需要与来自世界各地，不同国家、地区的客户进行交流和沟通。语言表达和交流的流利程度将直接决定客户对于客服人员、企业和商品的好感程度。同时，在一些发达国家，由于其生活环境等原因，国民的自身维权意识比较强，消费者的权利在监管机构的关注下也会更完善。因此容易产生知识产权方面的问题，在此背景下的客服人员，除了要具备语言表述能力外，还要对不同国家的法律进行学习，并具有独立解决产品纠纷的能力。

⑤物流人员的要求。物流在跨境电商中，既是利润中心又是成本中心。这一环节不仅关系着企业运营的总体效率，而且是客户在购物体验中最关键的一

个环节。能够对国际订单进行处理，能够对国际物流发货规则和流程进行熟悉和掌握，才是一名合格的跨境电商物流人才。

2. 综合型人才要求

匹配复杂、需求多样化、产业链条冗长，是跨境电商领域在经历了长时间的外部复杂环境的考验之后，在不同的国家和行业的政策与规则的引导下，所出现的共同特征。在这样的大环境背景下，企业推动跨境电商发展的关键就聚焦在了综合型人才的选拔和培养上。

①关于初级人才素质的要求。在当前环境下工作的跨境电商人才，很多是在企业外部和内部培训过程中筛选出来的。由于行业内部特点，从学校招聘的大学生，需要在一段时间的集中培训后才可以正式上岗。在一般情况下，初级跨境电商的人才仅仅需要大专以上的文化水平。虽然在文化水平上无法比肩其他行业内硕博学历研究者众多的情况，但是跨境电商人才在创新技能上要求则极为严格，对于专业性比较强的知识不仅需要记忆，而且要能够理解并举一反三，同时在心态的调整上，也要求其具备较强的抗挫能力和承受困难与压力的能力，甚至要求他们具备独自开拓市场营销新局面的能力。

②关于高级人才素质的要求。在跨境电商营销、跨境电商物流和金融服务、大数据分析管理和客户体验塑造中起到指导作用，对于跨境电商的未来前景能够进行战略性的调整，有效预测跨境电商未来的发展趋势，具备一定程度的跨境电商理论知识的人才，是跨境电商领域中的高级人才。跨境电商的发展前景使高级人才成为所有发展中的跨境电商所迫切渴求的人才。高级人才的加入会让企业实现发展上的飞跃。

总体而言，跨境电商高级人才需要具备以下几个方面的能力。

第一，需求匹配能力强。环境复杂、电商链条长，是跨境电商所具有的特征。企业在建立的过程中，要具有识别国家差异能力、辨别需求差异能力和重新塑造贸易链能力。对于不同的需求，企业要能够因地制宜，找出合适的渠道，形成良好的营销运营策略，给不同的行业和不同类型的客户提供其心仪的商品和相关联的服务。

第二，高效整合能力强。新的社会大分工的标志就是跨境电商的出现。企业若要在跨境电商中占有一席之地，就要提升自身的核心竞争力，提升整合能力。尤其是在实现目标国"本地化"的过程中，营销人员通常要对目标国的流量进行引入，对于当地的品牌知识进行学习，同时还要对国际营销的相关事宜进行掌握，在此基础上，才能够实现客户的转化、售后服务的提升、优秀流量的导入、客户的留存等本地化的商业服务。通过以上的努力，本地服务商才能够经过企业的整合聚集起来。价格和成本等并非跨境电商在竞争过程中所看重的，本地化的服务才是决定跨境电商能力构成的关键所在。

第三，团队带领能力强。在现阶段，跨境电商普遍面临的一个问题就是各种类型人才的缺乏。在高级人才的定义中，很重要的一条就是需要具备识人、用人的能力。其原因主要是两个方面：首先，因为要在内部挑选出合适的人才，建立跨境电商人才梯队；其次，需要从外部不断地招收能够对企业的未来形成助力的复合型人才。与此同时，团队的管理能力也是跨境电商高级人才所要具备的一项重点的能力。对于他们来说，既要想办法构建出一个适合人才发展的良好的环境氛围，还要知晓如何去培养人才并留住人才。

第四，应对政策与规则能力强。跨境电商在全球范围内都处在高速发展但不稳定的状态中，这是因为跨境电商比起其他的营销模式来讲，还处在一个初级发展阶段。在此情境下的全球贸易规则还会发生变化。在国际贸易的规则、体系、关税和政策等方面，跨境电商都要进行深入研究，对各个国家的进口和出口的形势也要进行深刻分析和思考。

第五，具有良好的心态和积极的创业能力。成长中的事物都处于不断的发展之中，跨境电商作为一种新生事物亦是如此。虽然跨境电商在发展的过程中还不够成熟，在具体的方法方面也没有找到卓有成效的方法，但是任何企业在发展过程中都不是一帆风顺的，虽然有坎坷，但是只要坚持，就一定能够收获成功。同样，高级人才在应对企业中的种种问题时，也要拥有良好的心态，发挥积极乐观、勇往直前的创业精神，同时还要积极学习、勇于承担、敢于尝试和不惧困难。

三、我国跨境电商人才的现状及困境

（一）人才需求分析

在当前的大环境下，国际贸易专业成为许多学校开设的专业。不仅综合类院校和金融类院校开设了国际贸易专业，师范类院校、理工类院校和农林类院校也都对国际贸易有所涉及。一些英语院校还专门开设了与国际贸易相关的语言类课程。

如今在全国各地的许多学校中，电子商务专业和国际贸易专业都成为主打专业。这些学校每年向企业输送大批电子商务专业和国际贸易专业的学生。但是在企业内部仍然很难找到合适的跨境电商人才，主要的原因是，一般的跨境电商具备了电子商务和国际贸易的双重特征。他们对于人才的综合性要求比较高，因而专业能力比较单一的毕业生无法满足企业的高要求。

跨境电商在根据市场情况进行调研分析后，对于人才的要求主要表现在以下几个方面。

①在现阶段，企业在跨境电商人才选拔的过程中，仍然比较倾向于选择国际贸易专业的人才。国际贸易是跨境电商的发展核心，即使跨境电商具备了电子商务和国际贸易两方面的特点，它在关注点上仍然是以国际贸易为主的。伴随着时代的不断发展，国际贸易也与电子商务领域有了新的结合，在这种情况下跨境电商人才朝着新的方向发展。

②业务岗位的人才是跨境电商领域最缺乏的人才。

③许多企业都认为专科人才和本科人才都是可以成为跨境电商领域的后备人才的，而事实上，本科人才才是跨境电商领域的重要后备力量。

④知识面太过狭窄，视野不够宽阔，专业性知识不够扎实，是许多院校毕业生具有的普遍问题。这也导致了众多毕业生不具有独自解决问题的能力。

⑤有想法从事跨境电商相关工作的人员，很多没有工作基础或经验，对于这一领域一窍不通。一些人表示自己愿意接受相关培训，一些平台、商业机构或企业内部的培训更受众人青睐。互联网销售、电子商务技术和电子商务企业管理，在企业的培训内容中分别居于前三位。

⑥跨境电商在人才方面存在着巨大的缺口，这是企业普遍认可的。很多企业对于跨境电商人才的招聘都十分不容易，而在招到跨境电商人才之后，又会面临一部分人员无法按照工作任务及时准确地完成工作的尴尬局面。

（二）跨境电商的人才现状

1.外部聘用十分困难

企业对于跨境电商在未来社会的发展期望值是很高的，仅仅依靠在校招聘是无法达到企业的要求的。跨境电商正处于不断的发展之中，无论是在规模上还是在具体的模式设定上，高校的毕业生都无法轻松应对。这是由于他们缺乏专业化的训练和实际的操作，因此在工作过程中有可能会出现心有余而力不足的情况。高校毕业生很难达到跨境电商领域对人才的实际要求。

在高校人才无法独当一面的同时，社会性人才的不足也成为许多企业面临的重要问题。电子商务虽然在近几年极具发展前景，但是也有很多的传统型企业并没有把电子商务放在重点关注的位置上，电商管理人才和相关技术缺乏。传统的生产方式和营销手段依旧占有一定的地位。以广告寻找、供应商寻找和网上洽谈为主的初级电商模式，依然被很多企业所使用。线上进行洽谈、线下进行货款交易的模式，依然是很多企业所使用用的电商交流模式。对于电商模式熟悉并能熟练掌握的人才依旧很少。

2. 内部培养成本太高

跨境电商人才在知识储备方面往往较广，这主要是因为跨境电商涉及业务范围较广。目前，跨境电商人才有很多是从外语专业、电子商务专业、外贸专业转行过来的，这就导致企业在人员上岗前，要花费大量的时间、精力、财力和人力进行人才培养，也导致企业上岗培训的成本过高。

3. 专业人才稀缺

跨境电商在目前的发展过程中一直呈现出上升的势头，熟悉跨境电商业务，具有对外贸易经验和电商处理能力的复合型人才是当前业内急需的人才。在外部环境中，企业很难招聘到合适的跨境电商人才，企业只有通过内部培训，才能够获得具有一定能力的跨境电商人才。很多企业在近年来制定企业发展的战略目标时，依旧没能把电商作为重点的目标进行发展，即使国内企业对电商有所重视，其重视程度也远远不够。企业以传统形式进行商品的销售，主要还是电商技术和管理人才的缺乏造成的。

4. 人才流失率过高

人才的流动性比较大、流失比率较高，是新兴的跨境电商行业比起传统产业而言所出现的新问题。传统的企业在开创过程中，准备周期所耗费的时间都很长，而跨境电商则在时间方面更加节省。不仅专门的猎头公司在挖掘人才，很多新兴企业也在通过多种渠道进行人员招聘。这种情况表明，跨境电商领域的企业普遍存在人才缺乏的问题，互相之间挖掘人才、招揽人才导致的结果是各企业人才流失严重，长此以往，形成恶性循环。目前，由于跨境电商还处于初创阶段，因此很多企业无论是在企业本身的制度上，还是其内部的独特文化上，都没有形成一定的习惯，导致团队构成不稳定。

5. 企业的实际需求与学校培养的专业人才不匹配

学校的人才培养之所以与企业的需求不相符，是因为在中国的高等教育的大环境中，长期以来形成了以学历教育为主的导向，高等学府中的电商人才培养计划常常是按照学校和教育部门的计划所执行的，书面的理论知识的比重就比较大，也就导致了企业的产业发展和学校的教育制度错位。此外，跨境电商在发展的规模和模式方面变化十分迅速，这样的结果就是与之相关的理论体系刚刚建成就要面临革新，在还未完全发展成熟的情况下，就要适应新的思想，导致从教师到学生，只能在摸索中不断前进。实际的就业培训和专业的训练也无法准确地对应到每一个学生身上，因此毕业生在面临工作中出现的实际问题时，由于经验有限，很难妥善解决。

（三）跨境电商人才困境形成的根本原因

从历史的角度来看，人才缺乏是跨境电商面临的最重要的问题。在对困境进行了解之后，需要我们及时进行分析，认清企业所处的现状，并且有针对性地制定出相关的决策。

1. 人才供给在速度上无法满足市场的需求

相较于 2014 年，中国跨境电商进出口额度在 2015 年增长了 33%。未来的几年，跨境电商的年增长率将会提升到 30%，占中国进出口贸易的比例也会提升至 20%，大大超过了贸易的总体增速。全球贸易的版图在跨境电商的影响下实现了彻底的改变。

数十万家企业在跨境电商的支持下实现了快速发展。据商务部发布的数据显示：中小企业和个体商户在跨境电商平台上的占比已经达到了 90% 以上。在深圳，2007 年的跨境电商不超过 1 000 家，而 2015 年，这一数值已经增加至近 10 万家。

伴随着跨境电商的崛起，专业性人才的需求已经呈现不断上升的趋势。一些跨境电商相关培训机构实现了快速增长，但是获得培训的人员数量却远远不能满足全国范围内跨境电商的需要。在广东，2015 年一年跨境电商人才的缺口就达到了 30 万人。而在未来的十年中，国内的电商人才缺口超过 400 万人。

2. 企业对现有的人才素质不满意

学校培养模式与企业的需求错位，导致跨境电商理论体系的不完整。我国高校的专业设置很难达到企业的实践标准，而相关的教育体系的建构也很难达到企业的实践要求。在很长的时间里，我国高校的跨境电商人才培养都专注于理论知识的扎实程度，而很少关注学生是否具有一定的动手能力。这样的情形导致学生在毕业时的能力脱离产业的发展。跨境电商的模式和规模都处于巨大的变化之中，传统的国际贸易专业人才很难适应跨境电商领域的要求。

3. 现有的人才培养模式和社会的发展需求不同步

在很多城市中，跨境电商构成都是十分简单的。许多中小型企业在人员构成上往往不是很明确，没有进行仔细分工，有些员工需要身兼数职。而一些企业还期望自己招聘到的员工能够胜任每一个环节所涉及的所有的工作内容，这就要求学校在培养人才时，能够与跨境电商进行完美对接。这种情形之下就出现了两方面的问题：首先，高校的外语专业、国际贸易专业、电子商务专业的毕业生不能达到跨境电商的初级人才要求，现在高校的培养模式已经不能够满足跨境电商对人才的要求；其次，跨境电商的人才招聘十分困难，对口的专业人才稀缺。

4. 专业课程的设置和专业技能的培养不相符

人才的结构性问题也是跨境电商人才紧缺的重要特征之一。许多高校在电商人才培养的课程设置上不够明确，电商的知识和技能在外语专业和国际贸易专业的学生中未被充分重视，学生能力达不到相关企业的要求。高校的外语专业、国际贸易专业和电子商务专业无法为企业输送复合型的人才，而相关的外贸实践经验也无法准确传递给电子商务专业的毕业生，这样的实际情况使外贸企业的需求无法得到满足。

5. 跨境电商的实际业务在教学中没有表现出来

专业化实习和实验性教学是目前高校专业实践中所包含的两大核心环节。理论教学的延伸是专业化实习，通过教学软件来提升学生操作能力和技巧的过程被称为实验教学。事实上，学生的实习范围由于实践性教学基地的缺乏而受到很大的局限。因此学校只能让学生通过自主实习的方式进行学习。由于很多实习单位缺乏经验，加之一些岗位不能够对学生的上岗实习进行合理安排，导致学生实习出现了很大的随意性。

第二节　跨境电商人才培养对策

跨境电商作为新的产业，其人才的缺乏问题在短时间内还无法有效地解决。能够满足跨境电商要求的人才稀缺。在国内，了解品牌营销和独立网站的人员凤毛麟角，而掌握各种跨境电商平台运营的人则更是少之又少。跨境电商人才从增量角度考虑，在短时间内都不会形成可观的规模。对于跨境电商人才在多平台、多行业、多国家、多品类和多供应链等方面进行考虑后，可以得出这样的结论：跨境电商人才没有办法做到依托培训快速地被培养出来。

一、人才培养方面的创新理念

（一）加大高校跨境电商专业人才的培养力度

高校对跨境电商专业人才的培养，应该在政府的关注下加大力度。政府要在建立跨境电商专业专项资金的基础上，对具有较强实力的高校跨境电商专业进行细心引导，对商务英语、国际商务、外贸以及市场营销等专业的现有人才进行鼓励，使他们能够积极地向跨境电商专业领域进行努力，还要关注高校跨境电商相关小语种学科的建设。

所谓的跨境电商高级专业化人才是指，经过高校教育系统的引导，具有深层次的国际化商务素养、优秀的国际化思维能力和国际化视野，同时拥有很强的跨文化交流沟通能力和较高层次的电商专业化能力的人才。他们不仅在相关的政府部门中管理专门的跨境电商活动，而且能够拓展海外的业务，进行跨境电商相关操作，并且进行国际商务活动的策划事宜。

跨境电商人才从大体上可以分为三类：初级人才、中级人才和高级人才。通过跨境电商专业专项资金的投入，杭州市建立了专门化的跨境电商学院、跨境电商专业化人才基地等。不仅有条件的高校被关注，设置了跨境电子商务专业，而且现有的国际贸易、商务英语和电子商务等专业，也在逐渐地朝着跨境电商的方向发展，在培养初级、中级和高级人才梯队的同时，也着意探索多元化的跨境电商人才培养模式，不仅在综合试验区的建立上发挥了重要的作用，而且部分解决了跨境电商人才稀缺的难题。

（二）构建社会化的跨境电商人才培训体系

政府相关部门应该加大力度进行活动的组织工作。首先，要组织相关院校、社会培训机构、行业协会等开展跨境电商的培训工作，场地费用、讲座费用和资料费用应根据培训的实际情况进行收取；其次，要促使员工在企业培训中努力认真学习，企业要按时开展跨境电商的理论和实践的培训，并把企业主流技术、跨境电商专业知识和相关文化融合在一起，在培训时有计划地进行传播，保证企业的发展实现良性的循环。

总的来说，政府需要对跨境电商领域加大关注，在动员有实力的社会企业进行相关培训的同时，还要对企业进行必要的培训。不仅要给企业和新员工一次性的培训补贴，还要协助跨境电商进行正规的招聘，为新入职员工办理劳动合同，缴纳社会保险。以下是跨境电商人才模式在杭州市的具体应用。

1. 制订"人才港"计划，打造多岗位体系

在"中国（杭州）跨境电商人才港"项目的基础之上，结合综合试验区内的跨境电商岗位的共同需要，构建包括商务管理和技术类、营销运营类等多岗位的孵化方案，遵循不同的制度，研制出包括速成期、短期和中期在内的三类不同的孵化体系。

2. 建立杭州跨境电商基地，开展社会培训活动

在组建杭州跨境电商基地后，面向社会开展初级、中级和高级的专业化培训，其内容覆盖包括全球速卖通、敦煌网和亚马逊等出口平台在内的跨境电商进出口基本业务，以及检验建议和海关进口流程，协助传统的企业通过专业培训实现进一步转型升级。

3. 运用高校与企业的资源，搭建专业化的跨境电商学习平台

慕课和微课等新型技术的兴起与发展，给传统的跨境电商带来了新的培养方式，给跨境电商的线上模式和线下模式都带去了新的理念和思想。政府相关部门要督促跨境电商在线学习平台的建立，同时对跨境电商实践课程的设置进行考虑，对于相关课程进行学分预设，给符合条件的企业颁发资格证书，以面向社会的方式来促进跨境电商人才培养体系的构建。

（三）着力打造专业化的跨境电商授课团队

由社会培训机构和政府相关部门组织，跨境电商行业专家以及跨境电商从业人员构成师资团队，在每年规定的日期进行专业化的培训。培训的对象包括跨境电商领域的普通员工，以及高校相关专业的教师。组建培训基地的目的是使这些人员在面临电商领域出现的新问题时，能够及时有效地解决，同时对行业内部的一些新的理念、动态、规则和技术进行充分理解和掌握。

1. 聘任专业化的跨境电商就业创业导师

跨境电商专业人才不仅在各大企业内部缺乏，在各大高校中，也十分缺乏。这也就是为何我国各地的政府部门都加大力度对跨境电商人才进行专业化的培养。各大高校的相关学者、跨境电商行业领域的专家和跨境电商从业精英共同构建了实力超强的教师队伍。特别是在近几年的跨境电商推进大会上，来自大龙网、敦煌网和亚马逊的跨境电商龙头企业负责人、海关和检验检疫职能部门的负责人、有影响力的跨境电商高校负责人等，被聘任为首批跨境电商就业创业导师。

2. 开展高校教师培训相关项目

杭州综合试验区在与亚马逊进行合作之后，又开启了"高校教师培训"活动。这是杭州综合试验区与亚马逊公司关于电商人才发展的一次新的伟大尝试，它不仅扩大了杭州地区的跨境电商人才的储备，而且给中国的跨境电商人才培养模式在出口交流方面提供了榜样。来自二十四所高校的近五十位参与者是第一批直接学习亚马逊平台实际操作技巧和相关跨境电商经营理论的体验者，这些知识包括如何解决"全球开店"给亚马逊的运营所带来的难题、跨境电商理论解读等，给跨境电商的实际操作提供了很多宝贵的经验。

（四）实施跨境电商人才校企合作定制化培养

高校关于培养目标，以及跨境电商人才需求无法对接的问题，需要依靠政府的重点关注，在推进企业与学校进行合作的基础上，建立跨境电商专业人才的开发机制。肯定企业在明确自身内部需求的情况下，给予高校关于技术、学校条件和师资力量等方面的建议，在构建长期的学校与企业的人才培养计划的情况下，实现学校、学生、企业的三方共赢。对于学校方面，政府也要多加鼓励。要让校方意识到市场需求是决定企业发展的重要导向，在教学内容和方式方法更新的基础上，高校要对现有的教材体系进行改革，在对自身的学科产业进行升级的同时，确保其专业适应性和就业适应性的稳步提升。比如，相关机构可以与有意向的企业签订培训协议，通过学校对具体的人员要求和人员数量进行规定，着力打造技术型、创新型、复合型和应用型的新形势人才，可以让科学研究、生产和教学归为一体，更有利于人才培养模式的建立。

二、人才培养模式的创新

（一）培养或引进跨境电商的领军人物

科学地进行布局，进行跨境电商战略性发展，在中小型企业以及相关产业链的推进下，培养出在国际上居于领先地位的跨境电商团队，塑造出专业化的人才培养模式，加大对于顶尖人才培养与重大项目招商的关注。

（二）组建跨境电商人才中介

传统的企业在转型发展的过程中，需要大量的跨境电商人才的加入。现如今，许多相关专业毕业生是从高校或者是社会培训机构毕业的，他们在就业时，需要在考虑自身因素的前提下，找到对口的工作。找寻投资和货源是有着自主创业倾向的毕业生需要考虑的问题。"跨境电商人员对接服务中心"是跨境电商与各高校、行业协会、培训机构以及政府相关部门联合构建的。企业的跨境电商运营对接，以及跨境电商人才团队建设，是跨境电商企业在对市场的需求进行分析和研究之后，组织开展的一系列活动。

（三）建立跨境电商人才保障机制

1. 改进科技奖励的方案

推进科技创新从成果供给主导模式，逐渐转向产业需求主导模式，是跨境电商产业创新发展过程中的一个主要目的。通过对于跨境电商产业做出巨大贡献的人才进行重点奖励的办法，可以使这一活动顺利进行。在高校、科研机构评定职称的过程中，也可以采取考虑科研成果产业化的方式进行评估，将科研成果的知识产权归属问题落实到每一个人身上，保证清晰、明确、无误差。在将具体的利益分配机制做到最大程度的完善后，还要想办法将科研人员的积极性调动起来。

2. 调整跨境电商人才的建设机制

对于高水平、高素质的跨境电商人才至少能够从以下的三个方面去考虑。

①创业激励方案。跨境电商的技术带头人和为企业发展做出了重要贡献的人，包括跨境电商领域的创业带头人，都属于高层次的跨境电商人才，需要对他们给予一定的奖励。

②团队奖励方案。组建跨境电商人才梯队，建立专项的团队资金库，对于团队的日常活动、团队建设、设备建设等方面给予一定的资金支持。在专项资金的使用上，实行自主权制度，通过专项评估申请、审计验收和监督运作机制的建立，构建包括项目、资金、政策和人才的"四位一体"的活动机制。

③生活奖励方案。对于达到标准的跨境电商高级管理人员、核心技术人才实施连续三年退还全部或者部分个人所得税的政策，来加大跨境电商人才在税收方面的优惠力度。与此同时，通过医疗补贴制度、住房补贴制度等奖励制度，颁发奖励并进行抵税。

3. 保障跨境电商人才安居政策

通过多种渠道在政府引导、市场化运作的方式下，解决跨境电商人才的居住问题。其中三个最有效的方法如下。

①开发高端跨境电商人才购房资助项目。首次进行购房的高端跨境电商人

才可以获得一次性住房补贴。政府的专项资金或者是用人单位的配套资金是补贴的重要来源。

②建立专门的跨境电商人才居住公寓。在电商产业园区、产业聚集区、大学城、高科技产业园区等区域，建立专门化的人才公寓，在只租不卖的前提下，给跨境电商人才提供居住场所。同时有实力的企业还可以直接利用现有的土地，建立自己的跨境电商高层次人才公寓，在缓解人才居住压力的同时，还可以将住房作为奖励，给为企业做出重大贡献的人才一些奖励。

③完善住房公积金的相关政策。通过引进住房公积金的相关政策帮助跨境电商人才缓解居住压力。

4. 探讨人力资本产权激励措施

在对知识、管理和技术问题进行考虑的同时，应根据按生产要素分配和按劳动分配的原则，通过"智力资本"等技术成果的分配方式，进行跨境电商高级人才管理，并且提出"资本管理"分配办法。企业将创新成果股权和选择权下放给专业的管理人才和专业的技术人才。或者企业决策者也可以根据自身的实际情况，灵活地选择一些个性化的奖励机制。需要重点注意的是，无论是"智力资本"还是"资本管理"，在参与生产要素的分配过程中，都要与国际化的市场环境相融合，只有这样才能够实现绩效一流、报酬一流和人才一流。

三、人才培养渠道的创新

（一）合伙人制度和社会化协作联合解决人才问题

企业推动跨境电商发展的关键和瓶颈都来自综合型人才的培养和聘用。传统的管理模式和人力模式很难吸引到优秀的跨境电商人才。

1. 合伙人制度

单纯意义上的薪资与职位的模式很难吸引有能力的优秀人才。管理方式老套、模式裂变性有限是传统企业在发展过程中最大的局限。如果简单地以金钱、利益等方式来作为奖励制度吸引优秀人才，也会因为团队氛围不佳等原因，无法留住新员工。

科学地使用合伙人制度，不仅可以帮助企业留住现有员工中的优秀人才，保证跨境电商团队的高效性和稳定性，还能够吸引外来的跨境电商人才，在最短的时间内打造出成熟的团队。这样既能够使企业招聘到最优秀的人才，还能够满足企业现实发展的需要。

合伙人制度若想顺利地实现，最少需要做到以下五个方面。

①找到适合自己的合伙人。帮助企业进行正常的运作发展，采取合伙人制度是十分必要的。而自我能力、对方的经营理念、双方的思想是否一致，都是需要在一开始就被考虑到的。此外，对方对于自己企业文化是否认可，是否能够为了企业使命、价值观的实现和企业未来发展而努力，也要优先被考虑到。

②打造开放的企业文化。找到一个愿意信任自己的平台，帮助自己快速成长、锻炼自我、提升自我，是每一个人才在就业过程中最先考虑的一个问题。对于他们而言，能够发挥自己的所长，体现自己的价值，学到更多的实际经验是很有必要的，甚至要比金钱带给他们的诱惑还要大。因此，从企业的角度来讲，在招收人才时，应该将自己企业内部的企业文化充分展示，用信任、开放和包容的姿态，为新人打造一个良好和轻松的工作环境和氛围。

③充分听取合作伙伴的想法。聚集有共同目标的商业合作伙伴，是合伙人制度的目的所在。在通常情况下，有着共同理想、抱负和愿望的人，会朝着共同的方向去努力。在预期收益和基础稳定的重要前提下，合伙人制度才可能实现。如果仅仅是用捆绑的方式，强制性地留住人才，那么最终会使核心人才对企业出现抵触心理，致使人才流失。

④对待合伙人团队以创业的心态。要让企业的员工拥有一种"为自己打工"的感觉，而不是受限制，给别人打工。企业要学会将权力下放，学会放权。给予合伙人团队经营企业的权力，为人才提供发挥自己能力的平台，在企业内部给人才一些便利的条件。在核心人才融入创业者的合伙人团队的时候，在他们参与企业的日常管理和事务决策的时候，这些人才才能够有一种被重视的感觉，才有一种自主创业的感觉。

⑤构建可行的分配机制。在创建合伙人制度的过程中，一定要促使员工自己贡献想法，由员工分享想法。要推动企业持续健康发展，就要让有能力的人分享自己的新思想和新想法。在吸引人才加入团队的过程中，企业可运用进入机制、退出机制、发展机制、淘汰机制、分配机制和考核机制等方法制度，来进行有效的合伙人制度管理。在进行合伙人利益制度分配时，要将合伙人本身的参与度、时间和精力，作为主要的参考标准。

2. 社会化协作

在跨境电商的大环境下，借助互联网科技实现社会化分工协作已经趋于成熟。在此基础上，提升自己的长处，掩藏自己的短处，将自己所能与跨境电商生态圈充分融合，是提升社会化质量的最有效且最节约成本的方案。

虽然，在目前这个阶段，跨境电商的发展前景一片大好，但是对于传统行业来讲，若是想要实现向跨境电商领域并轨，不能够简单盲目地进行改变。因为传统的制造业最缺乏的就是跨境电商领域的人才，但是人才是跨境电商领域的任何一家企业必不可少的重要部分。因此，战略性地、有计划地进行部分业务的外包，是一种十分明智的选择。通过将终端销售交给专业跨境电商卖家团队分销的方式进行发展，并且与专业卖家形成紧密联系，经专业卖家的打磨、改造和包装，可以实现快速升级。

（二）政府与社会共同合作打造专业团队

1. 借助社会力量，培训专业人才

单独对跨境电商人才进行培养，往往会承担很大的风险，也会带有很大的不确定性。特别是在传统的企业中，跨境电商相关氛围的缺乏更加明显。同时，培训者本身的专业能力和企业的成本预算等局限也会导致企业培训模式下的人才培训质量良莠不齐。

现如今，一系列社会化培训机构为各大企业的人才培训提供了强有力的支持。无论是招揽专门的跨境电商人才，还是团队训练，或者是提升整个企业的跨境电商业务水平，这些社会化培训机构都能够应对自如。

2. 对接政府资源，善用公共平台

各地区在预见跨境电商的发展前景之后，纷纷出台了一些帮助跨境电商发展的新政策。这一举动在某种或程度上给各企业，特别是中小微型企业的发展带来了一定的好处，同时也缓解了由于发展规模的不断扩大而出现的教育资源与优质的培训资源无法对接的尴尬局面。中小微型企业在关注并利用政府资源的前提下，有了更多招揽人才的机会，不仅有益于团队建设的完善，更能够给企业人力资源管理增色不少。

下面以重庆市和东莞市为例，重点分析政府对跨境电商领域的扶植政策。

第一，重庆市政府。

①加大与企业的合作力度。"重庆跨境电商人才 O2O 培养基地"是重庆市委市政府与当地的 24K 大学生人才孵化平台和阿里巴巴集团联手创建的专门的大学生人才孵化平台。

②加大相关企业的培训力度。全球速卖通、海关总署联合对外经贸大学等研究机构，对于一百多家企业中的二百多名跨境电商从业人员进行了培训，培训的重点内容为跨境电商思维与管理、政策与概念、技巧与业务等。

第二，东莞市政府。

①采取学校和企业联合培养人才的模式，通过与高校联合，进行校企合作办学，引进外地的大学实习生到本地企业实习，东莞企业通过定点实习、定点培训的方式与各地大学合作。

②自 2015 年起，东莞市政府就建立了专项资金，用以培养跨境电商人才。

（三）统一共识，留住电商人才

1. 统一共识，凝聚力量

传统行业在其发展的过程中，一直以传承的方式来进行企业的经营。对于一些刚刚进入跨境电商的传统企业而言，其转型成败的关键在于是否能够保证在企业的内部达到自上而下的认识统一。这种认识包括对于跨境电商领域的发展以及其重要性的认识，构成一种和企业自身相适应的内部文化氛围。当前跨境电商在战术层面的认识是许多企业最关注、研究最多的一个方面。而战术层面作为一种补充渠道，其根基在于相关的企业销售问题。一家企业之所以没有办法实现高质量、高效率和高速度运转，是因为没有将企业未来的发展方向加入战略层面中，思考跨境电商的实际性。

在对团队的认识进行统一之后，自上而下实现企业高层在跨境电商方面的共识，这样才有可能在最终的环节形成具有共同目标的团队力量。

2. 培养员工创业精神

目前，跨境电商领域的主力军是出生于 20 世纪 80 年代和 90 年代的"八零后"和"九零后"。之所以这两个年龄段群体会如此活跃在跨境电商平台上，是由于他们从小就成长在电商和互联网新兴科技下。而在销售领域中，一些"六零后"和"七零后"是无法对跨境电商领域进行独立思考的。因此，虚心学习，勇于承认自身在跨境电商领域方面的不足是很重要的。同时，对于比自己小的"九零后"和"八零后"人才，老一辈也要给予尊重的态度。

首先，管理者可以通过寻找共同话题的方式，与"八零后"和"九零后"的人才打成一片，并且通过日常交流，向他们学习跨境电商的相关概念和理论知识。

其次，管理者可以以人生导师的姿态向其他员工传递自己的人生观和价值观。在员工面临困境、心态不稳或者是感到迷茫时，给他们一定的劝解和安慰。

伴随着跨境电商领域的发展，一些传统企业也看到了这一领域的发展前景，在观望一段时间之后，加入跨境电商领域之中。仅仅依靠第三方平台、政府和高校等外部力量，是远远不够的，要关注跨境电商相关企业的发展。企业要投入时间不断地学习，在认清跨境电商的发展前景的同时，显现员工的价值，人才才会不断地聚集在一起，企业的根本问题也会得到解决。

第三节　跨境电商人才营销技能培养

搜集数据并且将全部的数据进行分析是跨境电商领域需要重点考虑的。此外，怎样运用数据分析方法科学地对跨境电商数据进行预测、分析和整理，并在此基础上进行相关发展战略的制定，也是需要我们进行思考的事情。在跨境电商网络营销中，基本策略和新出现的电商技术，都是需要我们进行研究和探讨的。对于跨境电商技术进行思考和研究，将会为相关高校社会培训机构和跨境电商提供有益的发展建议。

一、跨境电商数据方面的分析

（一）数据分析的定义与重要性

运用适当的方法进行统计分析，将大量的收集来的数据资料进行全面且细致的分析，尽可能地对数据进行开发和利用，寻求最大限度地利用数据，全面地发挥数据的功能，在对信息进行提取之后，经过细致研究，对于研究结果进行概括的过程，称为数据分析。

通过科学分析，可以将整个店铺的指标定量、定性地分析出来，专家通过这样的方式，为决策者提供最准确的参考标准。

（二）数据分析的选品

数据化运营的基础环节是选品。站内选品和站外选品是基于选品所派生出的两个不同的种类。运用平台所提供的数据工具进行的选品过程，叫作站内选品。这一过程的选品包括广义和狭义两个方面。广义上的选品是指"选聘专家"以及"行业情报"这两个方面。狭义上的选品是指通过对在售的商品进行分析，选择热销的商品，并运用"商品分析"这一工具完成这个过程。总而言之，卖家可以通过"数据纵横"这一工具，仔细地分析相关数据，以达到选品的目的。

站内选品还包括对平台上的热销款式进行选择。在普通的搜索页面中，输入我们想要搜索的产品名称，在标题右侧的箭头处找到相关的产品信息，通过单击箭头的方式，可以对热销的产品以及平台上销量增长比较快的产品进行迅速了解和浏览。

在平台活动中入选的产品，也是站内选品的重要组成部分。平台的客服通常会根据买家的喜好和需求对产品进行选择。在店铺进行产品选择的过程中，可以通过直通车中的选品工具，选择不同的四个维度的产品，即潜力款产品、不限条件的产品、热销款的产品和热搜款的产品。在选择产品的过程中，要结合实际情况，有目的和计划地对产品进行挑选。

参考其他的跨境电商平台中的热销产品，运用谷歌出品的"全球商机洞察"工具，对不同国家的买家需求进行分析，对其他跨境电商平台的热销款用第三方网站进行分析的方式，叫作站外选品。在站外选品时还可以利用国外的流行类网站，对潮流趋势进行学习和了解。

（三）数据化引流

普通的搜索流量和类目的搜索流量是流量的两个突出的类别。

在左侧的类目栏中，以一层又一层的筛选方式进行筛选，最终抵达产品展示页的流量方式，叫作类目型流量。在首页的搜索栏中，输入关键词之后进行展示的流量方式，是最普遍存在的流量方式。这两种方式是流量的关键来源。

如果从语言的角度进行分辨，还可以将一部分流量称为小语种的流量。在后台的产品编辑页面中，有五种不同的编辑页面，这也就是不同语言在前台中进行的展示。相对应的小语种的词，可以在数据分析工具的附注中进行寻找。而小语种若是想最大程度地获得流量，就要通过对小语种页面的优化来实现。

数据的分析在通常情况下还可以使用直通车等相关工具来进行，将匹配程度比较高的关键词，在筛选之后进行推广，以此方式可以实现产品的精准引流。

站内的其他流量和店内的流量是从流量的落地页面来分类的。从店铺内的搜索栏进行搜索，寻找店铺内流量的方式，叫作店内流量。这种方式相对来说比较简单。而店铺产品与产品之间的页面进行跳转的方式，叫作流量共享，它所起到的是店铺的装修以及关联营销的作用。这种流量方式叫作站内其他流量，其特点是范围比较大。

（四）用数据化方式优化点击率和转化率

在店铺拥有了比较稳定的流量之后，就要对店铺的产品点击率和转化率进行改善。这些步骤都对店铺的业绩提升有着良好的促进作用。

产品的相关标题和产品的主图都是能够对点击率产生重要影响的部分。买家能否对产品产生兴趣、产品能否激起买家的购买欲望，其主要的因素就是主图的展示能不能对买家产生诱惑。通过一定的数据收集可以分析出搜索较多的产品的相关属性，这可以使我们的产品的主图得到进一步的优化。如果能够加入一些点击率比较高的关键词在产品的标题中，那么产品的点击率将会获得质的提升。全店的转化率和单品的转化率是能够对转化率因素产生重要影响的两个主要的方面。

热销款产品的转化率是决定店铺转化率的重要因素。而要想提升店铺的整体转化率，则可以通过平均的停留时间、老客户或者熟客户的营销和热销款产品的相关流量来思考。

（五）整体店铺的相关数据分析

经历了产品的选择、流量的引入、转化率以及点击率的优化之后就要对店铺的整体数据进行分析，使营销更加顺畅。

对买家的行为进行分析是在进行店铺的整体数据分析时所要进行的第一步。在对店铺内的买家行为进行具体的分析之后，就可以知道买家的特征，并且在接下来的过程中，随时为运营提供数据支撑。

日常生活中数据化的运营是运营人员需要分析的一个方面。每一个时间节点需要做什么，是需要被细致思考的。只有这样，工作的效率才能够逐步获得提高，时间也才能够被更多地节省出来。

卖家对于利润永远是最关注的，而仓库的动销率也就是店铺利润在很多情况下都是和仓库中的库存相关联的。仓库动销率也是所有卖家最关心的一个方面。统计仓库中不受欢迎的滞销品，并将它们淘汰，统计仓库中哪些产品是热销的，并将它们加大力度推广，是卖家在日常生活中的一项重复工作。店铺的利润若想要得到提升，需要将仓库的动销率进行升级。

手机的智能化以及无线信号增加的覆盖率，使店铺无线端的订单越来越多，无线端的买家群体也呈现出不断上升的趋势。年龄较小的海外型买家也更加喜欢比较简洁的移动端购物网站。因此，店铺若是能够对无线端的数据进行细致分析，那么将会给货物的销售带来很大的收益。

由于屏幕大小所带来的一些限制，PC 端和无线端的优化方案不同。对于无线端来说，详情页的适配程度和主图的重要程度是其更加注重的一个方面。若想要给买家更好的购物体验，店铺就要细心收集无线端的数据，并且进行相应的分析，这样店铺的转化率和点击率也会得到提升。

在数据分析方面，直通车的数据分析作为付费流量端的最大入口，有着十分重要的地位。对于直通车的推广的投入产出比率可以采用简单的方式进行分析。直通车若是想要达到更好的效果，需要采取提升投入与产出比例的方式进行调整。

选择品类、引进流量、优化点击率和转化率以及对店铺的整体数据进行分析，是店铺在数据化运营过程中最重要的四个阶段。做好这四个阶段的策划，将会使自己的店铺实现质的飞跃。

二、市场营销背景下的搜索引擎营销

（一）搜索引擎是什么

通过对互联网上的相关信息资源进行收集，并进行信息的整合之后，将信息公开化，供有需要的人进行自主查阅的系统，叫作搜索引擎系统。常规的搜索引擎系统主要由用户的查询、信息的获取和信息的整理三个部分构成。为用户提供有效的信息检索的过程，是搜索引擎的使用流程。它是一种服务性质的网站，可以通过一些程序，对于互联网上的信息进行分类整理，协助人们在浩如烟海的信息浪潮中，筛选出适合自己的最佳信息。

（二）搜索引擎营销的价值

第一，根据用户使用搜索引擎的习惯不同，运用付费的形式和技术手段，让自己的网站在搜索结果中有一个靠前的排名。以这样的方式进行搜索引擎营销，达到促进销售以及展示品牌的目的。用户在发现感兴趣的信息之后，通过搜索引擎搜索的方式点击进入相关的网页，可进行更多的信息检索。搜索引擎获得较大的访问量，产生商业价值，是搜索引擎通过最小的投入所能够获得的最大的收益。点击付费广告、优化搜索引擎、付费收录和竞价排名，是搜索引擎营销最常用的方法。

第二，据美国知名搜索引擎营销专业服务提供商的调查显示：越来越多的互联网用户关注搜索引擎结果的第一页，如果对第一个页面结果不满意，就立即更改关键词或更换搜索引擎重新搜索。62% 的搜索引擎用户只点击搜索结果第一页链接，2002 年这个比率是 48%，2004 年这个比率是 60%。此外，高达90% 的搜索引擎用户只查看搜索结果的前三页，2002 年和 2004 年这个比率分别是 81% 和 87%。因此，通过搜索引擎营销手段让自己的网站在搜索结果中排到靠前的位置是十分必要的，这样搜索引擎才可能为网站带来更多的关注和点击量，同时也带来更多的商业机会。

参考文献

[1] 胡国敏，王红梅. 跨境电商网络营销实务 [M]. 北京：中国海关出版社，2018.

[2] 潘百祥，李琦. 跨境网络营销 [M]. 北京：人民邮电出版社，2018.

[3] 曹盛华. 跨境电商发展策略与人才培养研究 [M]. 北京：中国水利水电出版社，2018.

[4] 常广庶. 跨境电子商务理论与实务 [M]. 北京：机械工业出版社，2017.

[5] 邓志新. 跨境电商理论、操作与实务 [M]. 北京：人民邮电出版社，2018.

[6] 马述忠，卢传胜，丁红朝，等. 跨境电商理论与实务 [M]. 杭州：浙江大学出版社，2018.

[7] 张瑞夫. 跨境电子商务理论与实务 [M]. 北京：中国财政经济出版社，2017.

[8] 王方. 跨境电商操作实务 [M]. 北京：中国人民大学出版社，2017.

[9] 冯潮前. 跨境电子商务支付与结算实验教程[M]. 杭州: 浙江大学出版社，2016.

[10] 李鹏博，马峰. 进口跨境电商启示录 [M]. 北京：电子工业出版社，2016.

[11] 陈明，许辉. 跨境电子商务操作实务 [M]. 北京：中国商务出版社，2015.

[12] 王健. 跨境电子商务基础 [M]. 北京：中国商务出版社，2015.

[13] 肖旭. 跨境电商实务 [M]. 2 版. 北京：中国人民大学出版社，2018.

[14] 冯训阳. 我国跨境电商发展现状分析 [J]. 中国集体经济, 2019（11）: 86–87.

[15] 王梦楠. 跨境电商背景下应用型本科国际贸易专业的转型 [J]. 现代商贸工业, 2019（10）: 43–44.

[16] 杨鹏波, 杨伶俐. 跨境电商企业逆向物流浅析 [J]. 合作经济与科技, 2019（8）: 76–78.

[17] 喻跃梅. 对俄跨境电商人才培养研究 [J]. 合作经济与科技, 2019（8）: 162–163.

[18] 孙宇泽. 大数据技术在跨境电商中的应用 [J]. 合作经济与科技, 2019（7）: 90–91.

[19] 彭哨. 我国跨境电商平台发展中的问题与对策 [J]. 合作经济与科技, 2019（7）: 103–105.

[20] 李强. "互联网+"背景下跨境电商运作模式创新研究 [J]. 技术经济与管理研究, 2019（3）: 71–75.

[21] 阚艳, 巩湘红. 关于提升青岛市假发企业跨境平台营销话语水平的建议 [J]. 现代营销, 2019（3）: 84.

[22] 高铭泽. 东北地区传统中小企业跨境电商发展策略分析 [J]. 现代营销, 2019（3）: 182.

[23] 何佩蓉. 基于跨境电商创新创业发展的商务英语教学模式初探 [J]. 才智, 2019（9）: 173–174.

[24] 尚爱英, 张新敏, 孟书霞, 等. "跨境电商"背景下国际贸易应用型人才培养模式构建 [J]. 现代商贸工业, 2019（9）: 58–59.

[25] 刘鹏. "跨境电商"背景下国际经济与贸易专业人才培养改革探讨 [J]. 纳税, 2019（8）: 157–158.

[26] 姚兴聪. 跨境电商平台选品的影响因素: 以敦煌网为例 [J]. 北方经贸, 2019（3）: 57–59.

[27] 严瑞燕. 校企合作打造跨境电商复合型人才培养新实践 [J]. 南方农机, 2019（5）: 209.

[28] 王迪. 大学生跨境电商创业实践问题研究 [J]. 电子商务, 2019（3）: 82.

[29] 车小英. 共享物流理念下跨境电商物流海外仓联盟的探讨 [J]. 对外经贸实务，2019（3）：81–84.

[30] 武英梅. 中国跨境电商零售进口监管的升级策略 [J]. 对外经贸实务，2019（3）：32–35.

[31] 邓银燕. 跨境电商背景下高职商务英语专业人才培养模式探索 [J]. 现代商贸工业，2019（7）：31–32.

[32] 徐志凯，黄哲，黎俊杰. 跨境电商网站系统的分析与设计 [J]. 软件工程，2019（3）：54–56.

[33] 邓志超. 基于大数据的跨境电商创新型人才培养路径 [J]. 经济师，2019（3）：249–251.

后 记

　　社会文化不断发展，人们的生活水平和生活质量也在不断提升。互联网的成功普及让更多的人开始学习使用互联网，互联网的方便快捷使网络电商文化越来越多地出现在人们视野中。如何使用互联网技术获得商业发展，成为许多电商关注的焦点。与此同时，国家关于跨境电商网络营销政策的实施，也成为支持跨境电商发展、规划、建设、管理、运行的坚实后盾。

　　本书是具有强烈的时代特征的。互联网科技的不断发展推进了电商事业的迅速普及，我国对电商运营的关注度也在不断提高。在此基础上，如何对跨境电商进行培训、管理也就自然而然地提上了日程。在本书的编写过程中，作者在设计整体框架的基础上，还通过查阅相关文献、翻阅书籍、询问相关研究工作者、阅读专著资料的方式，力求为我国跨境电商的相关培训工作提供必要的实际操作方法。

　　本书作为跨境电商网络营销理论与实务的研究成果之一，凝聚了很多人的心血，作者在此表示深深的感谢。